W0298409

NEUSEELAND

sehen & erleben

NEUSEELAND

Fotografie Sammy Minkoff
Text Klaus Viedebantt

SCONTO

Inhalt

Die Bilder der Inhaltsseite zeigen im Uhrzeigersinn neuseeländische Blütenpracht (oben), die Marlborough Sounds, eine Schafherde, einen Kea und einen Schafscherer.

Vorsatz: Üppige Vegetation im Waipoua Kauri Forest
Seite 2/3: Sonnenuntergang über der Cook Strait

Schafe sieht man überall in Neuseeland. Knapp 70 Millionen davon werden auf ausgedehnten Weideflächen, wie hier bei Wanaka, gehalten. Wolle und Fleisch der Tiere gehören zu den Exportschlagern Neuseelands.

Das kleine Fischerstädtchen Akaroa auf der Banks-Halbinsel östlich von Christchurch wurde von französischen Siedlern begründet und hat sich bis heute einen Touch französischen Charme erhalten. Nahe dem Ort gibt es malerische Buchten und sogar eine kleine Pinguinkolonie.

Das Mackenzie Country, die Region um den Lake Tekapo, lädt zu Wanderungen und Bergtouren ein (links). Nahe der Church of the Good Shepherd wurde die Statue eines Schäferhundes errichtet; sie bringt die Wertschätzung für die Arbeit dieser Tiere zum Ausdruck (oben).

Nachfolgende Doppelseite:
Der Franz-Josef-Gletscher fließt von der Westseite der neuseeländischen Alpen auf 13 Kilometer Länge zum Regenwald hinab. Benannt wurde der Gletscher nach dem österreichischen Kaiser; wahrscheinlich die kühlste Ehrung, die ihm dank seines Untertans, des Geologen Julius von Haast, je zuteil wurde.

Das »schönste Ende der Welt«

»Sähe es nicht zu sehr nach Angeberei aus, würde ich dem Leser gerne sagen, wo Neuseeland liegt«, schrieb Mark Twain vor gut 100 Jahren. »Der Leser ist nämlich in derselben Situation, wie ich es war: Er glaubt, er weiß es.« Viele glauben auch hier, sie wüßten, wo das ob seiner landschaftlichen Reize gepriesene Land liegt: Zwei Inseln, in den Landkarten, als Flecken am Südostrand der australischen Landmasse zu entdecken. Diese geographische Einordnung ist zwar richtig, aber sie läßt nichts erahnen von den wirklichen Entfernungen und Größenverhältnissen auf der Rückseite des Globus. Neuseeland ist nämlich etwas größer als die Bundesrepublik, und allein der Flug von den australischen Städten Sydney oder Melbourne im Jet dauert drei Stunden: Zwischen dem Kontinent und den vermeintlich vorgelagerten Inseln erstreckt sich die 1600 Kilometer weite Tasman-See.

Südseestrände und qualmende Vulkane

Die neuseeländischen Inseln sind ein Teil der australischen Landmasse, die wiederum zum erdgeschichtlichen Riesenkontinent Gondwanaland gehörte, ebenso wie auch die Antarktis, der indische Subkontinent sowie Afrika und Südamerika. Vor etwa 100 Millionen Jahren senkte sich das Land zwischen der neuseeländischen Bergkette und dem australischen Ostküstengebirge und wurde vom Pazifischen Ozean überflutet. Die Tasman-See, benannt nach dem ersten europäischen Navigator, der sie durchsegelte, ist deshalb für einen Ozean auch vergleichsweise flach.

Das kann man von Neuseeland nicht behaupten. Es hat, abgesehen von den südamerikanischen Anden, die höchsten Erhebungen im Südpazifik und besitzt eine sehr bergige Struktur. Die Inseln sind ein Teil des unstabilen »Pacific Mobile Belt«, einer ringförmig um das größte Meer der Welt verlaufenden Naht der Erdkruste, an der es immer wieder zu vulkanischen Ausbrüchen und zu Erdbeben kommt. Mehr als die Hälfte von Neuseeland rechnen die Geologen zum Hoch- und Mittelgebirge, ein weiteres Viertel bezeichnen sie als Bergland und nur 15 Prozent als niedriges Hügelland, das für Ackerbau und Viehzucht nutzbar ist. Lediglich acht Prozent des Landes sind Ebenen; auf dieser geringen Fläche konzentriert sich der größte Teil der Bevölkerung, und hier liegen auch die großen Städte.

Trotz dieses relativ geringen Anteils an unbeschränkt nutzbarer Fläche ist das kleine Neuseeland einer der bedeutendsten Agrarexporteure der Welt. Das ist natürlich nicht nur einer innovativen, voll mechanisierten Landwirtschaft zu verdanken, sondern auch der klimatischen Begünstigung dieser Inseln. Neuseeland liegt voll im Strömungsbereich des warmen Äquatorialstroms, der auf der Südhalbkugel der Erde, von Südamerika kommend, unterhalb des Äquators nach Westen fließt. Wo der Strom auf den australischen Festlandsockel trifft, wird er nach Süden in die Tasman-See umgeleitet. Da jedoch südlich von Neuseeland die kalte Westdrift den subtropischen Meeresstrom blockiert, wird er wieder nach Norden abgedrängt und umspült damit Neuseeland an allen Küsten. Entsprechend mild ist das Klima, dennoch mangelt es nicht an Regen. Harte Winter kennen die Neuseeländer nur im Bergland. Das angenehme Wetter verspricht beispielsweise den Auckländern im Hochsommer, also im Januar und Februar, Durchschnittstemperaturen von 20 Grad; im Winter, im Juli, liegt die Durchschnittstemperatur immer noch bei zwölf Grad.

In diesem »wohltemperierten« Land profitieren nicht nur die Farmer von der günstigen Witterung – den guten Ruf, den Neuseeland als Ferienland genießt, verdankt es auch seinem reichlichen Sonnenschein.

Der Fox-Gletscher liegt etwa 27 Kilometer südlich vom Franz-Josef-Gletscher entfernt im Westland National Park. Seine Eismassen werden aus den Gipfeln des Mount Tasman, des Mount Haidinger und der Bismarck Peaks gespeist.

Die Maoris vermachten das Gebiet um den Mount Tongariro der englischen Krone mit der Auflage, die Natur dort zu schützen. So entstand der erste Nationalpark Neuseelands, der 1987 sein 100jähriges Bestehen feierte.

Dennoch ist es zu empfehlen, die »Kiwis«, wie sich die Neuseeländer nach ihrem Wappenvogel gern nennen, im »Südsommer« zu besuchen, denn in den Wintermonaten, wenn wir hier mit Sommersonne verwöhnt werden, kann man in Neuseeland arg in den Regen geraten. Allerdings bedarf die touristische Empfehlung für den »Südsommer« einer Einschränkung: In der Zeit der großen Ferien (Weihnachten und Januar) sind die reiselustigen Neuseeländer selbst unterwegs; dann ist es vor allem in den touristischen Zentren schwer, Unterkünfte zu finden. Gute Reisemonate sind hingegen Dezember (bis Ferienbeginn) und Februar (nach Ferienende).

Knapp 270 000 Quadratkilometer groß ist das Land, das sich aus zwei Hauptinseln, einer größeren Insel an der Südspitze und einigen kleineren Archipelen zusammensetzt. Die größte Nord-Süd-Ausdehnung beträgt mehr als 1600 Kilometer, die größte Breite liegt bei 450 Kilometern. Nicht mitgerechnet sind dabei die kleinen Inselgruppen wie die Chatham Islands, die 800 Kilometer östlich von Christchurch im Pazifik liegen, oder die Eilande der Auckland-, Campbell- oder Antipodes-Archipele zwischen Neuseeland und der Antarktis.

Im Jahr 1945 wurde die Nationalflagge der Neuseeländer erstmals auch in der 2300 Kilometer entfernten Antarktis aufgepflanzt, als das sichtbare Zeichen eines Anspruchs, den die Neuseeländer auf ein Teilgebiet des sechsten Kontinents erheben, das mit etwa 458 000 Quadratkilometer Fläche (einschließlich der ständig zugefrorenen Seeflächen) weitaus größer ist als Neuseeland selber. Die sogenannte Ross Dependency umschließt eine riesige, stets mit Eis bedeckte antarktische Meeresbucht. Der ersten ständigen Forschungsstation am Kap Adare ist 1964 die »Scott Base« im McMurdo Sound gefolgt. Hier haben auch die Amerikaner ihre Antarktis-Camps errichtet. Neuseeländer und Amerikaner arbeiten, gemeinsam mit den anderen am Südpol aktiven Nationen, eng zusammen bei der Erfor-

schung des Ozonlochs. Für Neuseeland, das nächste größere Siedlungsgebiet zum Pol, hat diese Forschung besondere Bedeutung, denn das antarktische Ozonloch hat bereits die neuseeländischen Inseln voll erfaßt.
Ein anderer Grund für das Engagement am Pol sind die vermuteten Erzlager der Antarktis, auch wenn Neuseeland den Antarktis-Vertrag von 1959 unterzeichnet hat, der eine friedliche Nutzung der Eiswelt durch alle Nationen ermöglichen soll. In dessen Zusatzprotokoll von 1991 wird jede Form des Rohstoffabbaus für zumindest die nächsten fünf Jahrzehnte untersagt.
Die Antarktis war vor Jahrmillionen verbunden mit Neuseeland, die Alpen auf der Südinsel sind geologisch eine Fortsetzung der Berge des Pol-Kontinents. Einer dieser Berge, der 3794 Meter hohe Mount Erebus am McMurdo Sound, war Schauplatz der größten neuseeländischen Flugkatastrophe: 1979 zerschellte ein Großraumflugzeug der Air New Zealand an dem noch aktiven Vulkan, alle 237 Passagiere und die 20 Besatzungsmitglieder kamen um. Erst durch dieses Desaster wurde vielen Menschen bewußt, daß die Antarktis keine flache Eislandschaft ist, sondern zumindest teilweise eine Hochgebirgslandschaft mit mehr als 4000 Meter hohen Gipfeln.
Die etwas niedrigere, rund 650 Kilometer lange neuseeländische Alpenkette entstand vor etwa 185 Millionen Jahren durch Faltungen der Erdkruste; vulkanisch entstandene Landschaften sind eher selten auf der Südinsel. Das Gegenteil gilt für die etwas kleinere Nordinsel: Sie wird von erloschenen Vulkanen und ihren charakteristischen Kegelbergen und erodierten Hügelkuppen geprägt. Im Inneren der Insel finden sich auch noch aktive vulkanische Zentren.
Die so entstandene Landschaftsvielfalt, die sich dank der unterschiedlichsten Klimazonen vom gemäßigt kühlen Süden bis in den subtropischen Norden auch in einer artenreichen Pflanzenwelt widerspiegelt, gibt den Neuseeländern das Recht, von einer »Welt im Kleinen« zu sprechen. Sie haben schneebedeckte Hochgebirge ebenso wie feinsandige, palmenbestandene Südseestrände, undurchdringlichen Regenwald wie qualmende Vulkangebiete, liebliche Seen und kurze, aber wasserreiche Flüsse, grüne Weidelandschaften mit riesigen Schafherden und fast unzugängliche Fjordregionen, die sich in ihrer Majestät durchaus mit Norwegens Küste messen könnten.

Die Coromandel Peninsula ist eine Bilderbuchlandschaft mit herrlichen Stränden, Grotten und Felsen, die von Wasser und Wind geformt wurden. In den letzten Jahren haben sich hier viele Künstler und Kunsthandwerker niedergelassen.

Das große Vorbild: England

Auf diesem entlegenen Flecken leben rund 3,4 Millionen Menschen, von denen immer noch etwa 83 Prozent britischer oder irischer Abstammung sind. Vom verbleibenden Rest sind knapp zwei Drittel Maoris, es bleiben also noch rund sechs Prozent Angehöriger anderer Staaten. Auch in dieser Gruppe stellen die Südsee-Insulaner eindeutig die Mehrheit: Die Bewohner der Cook-

Der Lake Pukaki im Mount-Cook-Nationalpark nimmt das Gletscherwasser des Tasman Glacier auf.

Inseln, von Tonga und Samoa, Fiji oder Tokelau, um nur ein paar der vielen polynesischen und melanesischen Staaten zu nennen. Nach dem Zweiten Weltkrieg sind auch Asiaten und Europäer ohne angelsächsischen Stammbaum eingewandert, vornehmlich aus Griechenland und Italien. Aber auch Deutsche, Holländer, Ungarn und Österreicher übersiedelten vom kriegszerstörten, hungernden Europa in das unversehrte Neuseeland.

Diese Entwicklung hat dem – abgesehen von den Lebensformen der Maoris – bis dato ausschließlich monokulturellen Land sehr gut getan. Am deutlichsten wird das in der Bereicherung der Speisezettel und der wachsenden Zahl von Restaurants mit indischen, vietnamesischen, griechischen oder russischen Gerichten. Solche Zeichen der Veränderung werden zwar deutlicher, aber einen wirklich tiefgreifenden gesellschaftlichen Wandel hat Neuseeland bislang nicht erlebt. Das Land ist geprägt von den »Wasks«, den »White Anglo-Saxon Kiwis«.

Britische Traditionen

Die angelsächsische Herkunft ist immer noch stark spürbar. Die emotionale Bindung an das Vereinigte Königreich und insbesondere auch an die königliche Familie ist allenthalben festzustellen. Selbstredend ist Neuseeland Mitglied im Commonwealth of Nations, dem Relikt des britischen Weltreichs. Das ferne Mutterland war in fast allen Dingen das große Vorbild. Sichtbar wird das beispielsweise in der städtischen Architektur, die sich lange Zeit an viktorianischer Bauweise orientierte. Der schnörkelreiche Stil, der auch großen Bauten etwas Verspieltes und Liebenswertes gibt, hat allerdings in den Zentren der Großstädte schon allzu häufig einer gesichtslosen Glas- und Betonarchitektur Platz machen müssen.

Die anglikanische Kirche ist immer noch mit Abstand die größte Glaubensgemeinde, der 25 Prozent der Gläubigen angehören. Die zweitgrößte Gruppe sind die Presbyterianer, an dritter Stelle folgen die Katholiken, ein Erbe der irischen Einwanderer. Das Oberhaupt dieser Konfession ist übrigens seit 1988 ein Maori. Pater Max Marin wurde in diesem Jahr zum ersten katholischen Maori-Bischof in Neuseeland geweiht.

Auch das politische System Neuseelands ist dem britischen Modell nachempfunden. Die parlamentarische Demokratie ist eingebettet in eine konstitutionelle Monarchie, ihr Staatsoberhaupt ist derzeit Königin Elizabeth II. In Neuseeland gibt es zwar immer wieder Gruppierungen, die eine völlige Lösung von Großbritannien und somit eine Republik fordern. Aber im Gegensatz zu Australien sind die antiroyalistischen Tendenzen in Neuseeland schwach. Das Herrscherhaus ist vertreten durch einen Generalgouverneur, der heute auf Vorschlag der neuseeländischen Regierung ernannt wird. Der Repräsentant der Krone hat aber nur formale Rechte. Das neuseeländische Parlament hat nur eine Kammer, das Abgeordnetenhaus. Die Abgeordneten werden in der Regel alle drei Jahre gewählt. Der Premierminister kann allerdings frühere Wahlen ausrufen, beispielsweise, wenn er glaubt, eine besonders günstige politische Situation könne seine Mehrheit vergrößern; auch dies ist aus Großbritannien übernommen. Dasselbe gilt für das Mehrheitswahlrecht, das große Parteien bevorzugt. In Neuseeland profitieren davon die Labour Party, die konservative National Party oder die erst 1989 gegründete New Labour Party. In Einzelfragen gibt es auch die – selten genutzte – Möglichkeit der Volksabstimmung. Zu den »britischen Traditionen« kann ferner das überdurchschnittlich große Interesse an der Geschichte, vor allem an der eigenen kurzen Historie, gezählt werden. Das wird besonders sichtbar in der Arbeit des New Zealand Historic Places Trust. Diese 1955 gegründete Organisation pflegt und restauriert archäologische Stätten und historische Bauten, ihre Arbeit wird seit 1979 von einem entsprechenden Gesetz, dem Historic Places Act, unterstützt. Der vom Staat und von Privatspendern getragene Trust kann eine beeindruckend lange Liste von durch ihn verwalteten historischen Stätten vorweisen. Viele dieser Anlagen sind oftbesuchte Sehenswürdigkeiten, der Trust leistet damit auch einen wertvollen Beitrag zum touristischen Angebot Neuseelands.

Neuseeländische Eigenheiten

Zum angelsächsischen »Erbgut« der Neuseeländer gehört schließlich auch ihre außergewöhnliche Sportbegeisterung. Der beliebteste Massensport der britischen Inseln, der Fußball, spielt in Neuseeland allerdings eine eher untergeordnete Rolle. Nummer eins im Publikumsinteresse ist das Rugby; Neuseelands Nationalmannschaft in dieser Sportart, die nach ihren Trikots genannten »All Blacks«, gehört zu den besten Teams der Welt. Ähnliche Begeisterung erweckt nur noch das Cricket, ein urbritisches Mannschaftsspiel, das Kontinentaleuropäern nur Unverständnis und Langeweile bereitet, das aber die »Kiwis« ganz aus dem Häuschen zu bringen vermag. Daß sich Rasenbowling und Golf (ohne elitäre Attitüden) mühelos von den britischen auf die neuseeländischen Inseln verpflanzen ließen, überrascht wenig. Schließlich soll auch ein anderes britisches Erbe nicht unterschlagen werden, selbst wenn es nur indirekt sportlicher Art ist: Die Lust am Wetten, insbesondere an Pferdewetten. Pferde sind eines der beliebtesten Themen an den Tresen der Pubs – wie man überhaupt den Eindruck gewinnen kann, daß für Neuseelands Männer der Sport unbestritten das Thema Nummer eins ist.

Eine Eigenart der Untertanen ihrer Majestät haben die Neuseeländer allerdings nie übernommen, ja, darin unterscheiden sie sich sogar deutlich von ihren britischen Vorbil-

Ein Rundweg um den Lake Matheson ermöglicht Naturfreunden an vielen Stellen die beliebten Spiegelbildfotografien.

dern: Sie lehnen die tradierte Klassengesellschaft strikt ab und pflegen eine betonte Egalität. Diese Vorstellung von der »Gleichheit aller« ist auch die Grundlage des neuseeländischen Erziehungssystems.
Fast logisch erscheint es angesichts dieses allgemeinen Verständnisses von Gleichberechtigung, daß Neuseelands Frauen schon vor der Jahrhundertwende und damit als eine der ersten in der Welt das Wahlrecht erhielten. Bis allerdings ein Gesetz im Parlament eine Mehrheit fand, das Frauen und Männern gleiche Bezahlung für gleiche Arbeit zusichert, hat es dann noch bis 1972 gedauert. Bei aller Egalität gibt es natürlich auch in Neuseeland Unterschiede im Einkommen oder im gesellschaftlichen Rang, aber diese werden allgemein nicht als Standesunterschiede empfunden.

Kulturelles Leben

Vergleichsweise gering ist das allgemeine Interesse an kulturellen oder kulturpolitischen Themen, und Kulturkritiker im eigenen Land empfinden es als bezeichnend, daß der einzige neuseeländische Autor von Weltrang, die Schriftstellerin Katherine Mansfield, nach Europa emigriert ist. Die 1888 in Wellington geborene Kathleen Beauchamps (Mansfield war ihr Schriftstellername) hatte ein überaus ambivalentes Verhältnis zu ihrem Heimatland. Zwei ihrer sensiblen Tagebuchnotizen aus Paris, vom 19. und vom 20. März 1915, vermögen das in aller Kürze zu belegen: »Träumte von Neuseeland. Herrlich.« Und am Tag darauf: »Träumte wieder von Neuseeland – einen der schmerzlichen Träume, in denen ich dort bin und nicht weiß, ob ich eine Rückfahrkarte besitze.«
Viele neuseeländische Intellektuelle und Künstler beklagen das geringe Echo, das sie in ihrer Heimat finden. Sie verweisen darauf, daß nicht nur Katherine Mansfield, sondern die meisten der neuseeländischen Schriftsteller nach Europa gehen mußten, um sich literarisch durchzusetzen. Ähnlich sei es auch den relativ erfolgreichen Filmemachern gegangen, die sich der besseren Möglichkeiten Holywoods bedienten.
Der Vorwurf kulturellen Desinteresses steht in seltsamem Gegensatz zu der Tatsache, daß die Neuseeländer zu den lesefreudigsten Nationen der Welt gehören. Spötter meinen allerdings, die Kiwis würden sich nur so viele Bücher besorgen, weil es in diesem Land mit seinen vielen Vulkanen immer mal wieder zu kleineren Erdbeben kommt und man danach auf dem verzogenen Boden eben die Möbel mit ein paar untergelegten Büchern austarieren müsse.
Den sorgfältig gepflegten englisch-schottisch-irischen Hintergrund der Neuseeländer erlebt man am besten im persönlichen Umgang mit ihnen. Sie teilen mit ihren britischen Vettern die Zurückhaltung gegenüber Fremden, dies allerdings nicht aus Mißtrauen oder Überheblichkeit. Die Neu-

Die zwei Häfen von Auckland sind zusammen der größte Umschlagplatz von Waren in Neuseeland (oben).
Auch Neuseeland ist auf dem Weg, von einem britisch geprägten Land zur multikulturellen Gesellschaft zu werden (unten).

Das Straßenbild von Auckland ist im Zentrum vorwiegend von modernen Neubauten geprägt (oben). Die nichtenglischen Einwanderer haben – zum Vorteil der neuseeländischen Gastronomie – ihre Spezialitäten, Speisen und Gewürze mitgebracht (unten).

seeländer sind meist zu höflich, sich in anderer Leute Dinge einzumischen. So kann es in Neuseeland passieren, daß man einen ganzen Abend in einem Pub verbringt, aber nicht angesprochen wird, wenn man seine Ruhe will. Wer jedoch reden möchte, wird die Kiwis als eifrige Gesprächspartner erleben, und wer sie um eine Hilfeleistung bittet, fragt nicht vergeblich.

Abnabelung von Großbritannien

Seit Ende des Zweiten Weltkriegs läßt die emotionale Abhängigkeit von Großbritannien allmählich nach. Heute versucht Neuseeland – nicht zuletzt aus wirtschaftlichen Zwängen heraus –, eine neue Position in seiner unmittelbaren Umgebung, im Südpazifik, zu finden. Mit den Australiern haben sich die Neuseeländer seit 1990 in einer Wirtschaftsgemeinschaft zusammengetan, mit dem einstigen Kriegsgegner Japan hat sich das Land erfolgreich arrangiert und liefert tonnenweise Lebensmittel dorthin. Volkreiche Staaten wie Korea und Indonesien wollen ebenfalls versorgt sein, von der großen Zukunftshoffnung neuseeländischer Agrarexporteure, von China, ganz zu schweigen. Allerdings erfordert das auch einen Mentalitätswandel, schließlich verstand sich das »britische Reich in der Südsee« allzu lange Zeit als Verbündeter und Vorposten der Engländer im Südpazifik. Neuseeland betreibt heute eine außerordentlich aktive Entwicklungshilfe in den pazifischen Inselstaaten und in den südostasiatischen Ländern. Aber manch koloniales Vorurteil, verbunden mit einer alten Invasionsfurcht, schwingt gegenüber den asiatischen Nachbarn zumindest bei der älteren Generation noch spürbar nach.
Solche Vorurteile kursierten auch lange gegenüber den oft wirtschaftlich abhängigen umliegenden Inselreichen in der Südsee. Dünkelhafte Überheblichkeit der »Kiwis« haben die Insulaner allerdings nie verstanden, schließlich ist Neuseeland, trotz seines eindeutig »weißen« Charakters, eine polynesische Inselgruppe. Sie bildet den südlichen Winkel des »polynesischen Dreiecks«, jenes riesigen Gebietes, das vom Samoa-Archipel im Westen (auch als die »Wiege Polynesiens« bezeichnet) bis zur rätselvollen Osterinsel im Osten und zur Hawaii-Gruppe im Norden jenseits des Äquators reicht. Innerhalb dieses Dreiecks sind viele Bräuche und die Sprachstrukturen identisch, auch wenn die Polynesier in Neuseeland als Maoris bezeichnen.

Die Maoris im modernen Neuseeland

Wie alle polynesischen Völker kannten die Maoris bis zum Eintreffen der Europäer keine schriftliche, sondern nur die mündliche Überlieferung. Nach 150 Jahren im europäischen Bildungssystem ist diese Fähigkeit allerdings ziemlich verkümmert, obschon die Maoris immer Schulen besuchen konnten,

Platzprobleme in Wellingtons Innenstadt lassen die Häuser in den Himmel wachsen (oben). Nur noch wenige Beispiele viktorianischer Architektur sind hier erhalten geblieben (unten).

in denen in ihrer Sprache unterrichtet wurde. Aber in einer Zeit, da Kinder – gleich welcher Herkunft und Hautfarbe – angesichts von Fernsehen, Video und Walkman allmählich das Lesen verlernen, haben schwierigere Lernformen wie das Auswendiglernen traditioneller Texte und alter Mythen nur noch geringe Überlebenschancen. Etwa elf Prozent der Bevölkerung sind Maoris, sie haben heute eine höhere Geburtenrate als ihre weißen Mitbürger. Das war nicht immer so: Im vergangenen Jahrhundert glaubte man in Neuseeland, die Maoris seien ein sterbendes Volk. Das war nicht nur auf die Gemetzel ihrer Stammeskriege zurückzuführen, selbst wenn diese nach Einführung der Feuerwaffen durch die Europäer schätzungsweise 50 000 Tote kosteten. Auch die von den Weißen eingeschleppten Krankheiten und Seuchen forderten einen hohen Blutzoll. Um die Jahrhundertwende war nach zeitgenössischen Schätzungen die Maori-Bevölkerung auf ungefähr 45 000 Menschen dezimiert. Wachsende körperliche Widerstandskraft, eine bessere Hygiene, vor allem aber eine leistungsstarke Medizin stoppten den tödlichen Trend und kehrten ihn allmählich ins Gegenteil um: Heute nähert sich die Zahl der Maoris der 300 000-Marke. Hinzu kommen rund 400 000 weitere Neuseeländer, die nach eigenen Angaben Maori-Blut in ihren Adern haben.

Nachhaltig verändert haben sich aber die Siedlungsgewohnheiten der Maoris. Einst waren ihre Stämme über beide Inseln gleichmäßig verteilt, heute leben sie überwiegend auf der Nordinsel. Hinzu kommen vornehmlich in der Region um Auckland zahlreiche Bürger aus Samoa, Vanuatu, Tonga und von den Cook-Inseln. Während die Cook-Insulaner ebenso wie die Bewohner von Niue freien Zugang nach Neuseeland haben, da diese offiziell souveränen Inselstaaten in einer engen Verflechtung mit Neuseeland leben, halten sich viele andere Insulaner illegal im Lande auf. Deren Überweisungen in die Heimat sind ein wichtiger Posten im Budget der armen Südsee-Inselstaaten. Ihre Bürger suchen bessere Verdienstmöglichkeiten in dem Land, das einst als »Schweiz der Südsee« gepriesen wurde.

Wirtschaftliche Situation

In den späten neunziger Jahren erinnerten sich viele Neuseeländer wieder an diesen Slogan, der zwischenzeitlich ebenso vergessen war wie der einstige Wohlstand. Anfang der neunziger Jahre hatten die beiden Inseln mit erheblichen wirtschaftlichen Schwierigkeiten kämpfen müssen. Der Mangel an Bodenschätzen erschwerte den Aufbau einer Industrie, wenngleich nachwachsende Rohstoffe wie etwa Holz oder Wolle zum Aufbau einer erfolgreichen Papier- respektive Textilindustrie beitrugen. Ein aufwendiges Sozialsystem belastete angesichts unzureichender Exporterlöse den

Staat, der über Jahrzehnte gepflegte Protektionismus gegenüber Einfuhren aus den asiatischen Billiglohnländern hatte die Konkurrenzfähigkeit von vielen Unternehmen vermindert. Aggressive Gewerkschaften nahmen Kleinigkeiten zum Anlaß für Streiks und ramponierten Neuseelands Ansehen als zuverlässiger Wirtschaftspartner.

Die Regierung riß damals – gegen den Willen großer Teile der Bevölkerung – das Ruder radikal herum: Aus dem Wohlfahrtsstaat mit geringer ökonomischer Dynamik und schnell wachsendem Schuldenberg wurde ein moderner Wirtschaftsstaat mit einer schlanken und effizienten Verwaltung. Auch das Steuersystem wurde entrümpelt: Es gab zwar kaum noch Subventionen, dafür aber sanken die individuellen Steuern, was die meisten Bürger schnell in ihrem Portemonnaie spürten. Das sorgte ebenso für frischen Wind wie die Flexibilisierung des Arbeitsmarktes, die zwar anfangs die Arbeitslosenzahlen in die Höhe schnellen ließ, im Zuge der wirtschaftlichen Entwicklung aber wieder zahlreiche neue Jobs schuf. Das Experiment, eine ganze Volkswirtschaft vollständig umzukrempeln, glückte insgesamt so überzeugend, daß alljährlich zahlreiche Regierungs- und Wirtschaftsdelegationen großer Nationen ins kleine Neuseeland reisen, um sich dort Anregungen für die Bewältigung der eigenen Probleme zu holen.

Wichtig für den Fortgang der Reformen ist zudem, daß auch weiterhin ein großer Anteil staatlicher Finanzmittel in bessere Ausbildungsmöglichkeiten für Neuseelands Jugend gelenkt werden soll. Darin sieht die Regierung vor allem angesichts des schnellen Wirtschaftswachstums bei den »pazifischen Nachbarn«, den südostasiatischen Staaten, eine wichtige Investition in die Zukunft. Die seit Jahren geförderte Ausbildungsinitiative soll nicht zuletzt auch dazu beitragen, die wachsenden Spannungen zwischen weißen und dunkelhäutigen Neuseeländern auszugleichen. Besonders jüngere Maoris befürchten, gegenüber ihren weißhäutigen Mitbürgern zunehmend ins Hintertreffen zu geraten. Diese Befürchtungen sind nicht völlig aus der Luft gegriffen; sie lassen sich durchaus statistisch untermauern: Der Anteil der Maoris unter den neuseeländischen Arbeitslosen und wenig qualifizierten Arbeitskräften ist höher als der der Weißen. Hingegen ist die Zahl der Maoris in Führungspositionen wesentlich geringer, als es ihrem Prozentsatz in der Gesamtbevölkerung entspricht. Ähnliches gilt für die Häftlingsstatistik: Es sitzen mehr Maoris hinter schwedischen Gardinen, als es ihrem Bevölkerungsanteil entsprechen würde. Der Grund dafür ist leicht auszumachen: Weil Maoris schwerer als Weiße die geringer qualifizierten Arbeitsplätze erlangen, hängen arbeitslose Jugendliche häufig in Cliquen herum, in denen Frust und Geldmangel zu Diebstählen führen. In den achtziger Jahren sind dann noch Drogenpro-

Rotorua ist schon seit der Jahrhundertwende ein beliebter Badeort (oben).
Ein Gang durch Picton lohnt sich wegen der zum Teil noch erhaltenen Bebauung aus dem letzten Jahrhundert (unten).

bleme hinzugekommen, was wiederum die Beschaffungskriminalität förderte. Daß den Maoris weniger Arbeitsplätze offenstehen als den weißen Neuseeländern, wird erklärlich durch die Tatsache, daß sie meist schlechter ausgebildet sind als ihre weißen Nachbarn. Nun, da die goldenen Jahre vorüber sind, wird diese mangelnde Qualifikation am Arbeitsmarkt schmerzhaft spürbar. Natürlich hätten sie theoretisch dieselben Ausbildungsmöglichkeiten wahrnehmen können wie ihre weißen Mitbürger. Aber ihre polynesische Lebensauffassung, in der Arbeit nur als Mittel zur kurzfristigen Versorgung dient und kein Wert an sich ist, hindert viele Stammesangehörige daran, sich solch »strapaziösen Langzeitinvestitionen« wie einer soliden Ausbildung zu unterziehen. In der jetzigen ökonomisch angespannten Situation konkurrieren heute häufig Angehörige der weißen Unterschicht mit den Maoris um die wenigen Arbeitsplätze ohne spezielle Anforderungen. Dieser harte Wettbewerb führt zu einer steigenden Polarisierung im Land, die für Außenstehende oft rassistische Untertöne zu haben scheint.

Die Maori-Verträge

Rassenprobleme kannte das Land eigentlich nie, alle Fragen zwischen den Ureinwohnern und den europäischen Neuankömmlingen schienen durch Verträge geklärt und abgesichert. An dieser Grundeinstellung konnten auch die Maori-Landkriege des vergangenen Jahrhunderts wenig ändern. Erst in jüngster Vergangenheit ist eine politische Bewegung der Maoris entstanden, die verlangt, die Abkommen, vor allem den grundlegenden Vertrag von Waitangi, zugunsten der Maoris zu revidieren. Das gilt insbesondere für die Rechte am Land und an den angrenzenden Meeresstreifen, die für die Fischerei wichtig sind. Solch ein

Streit um die Fischgründe des Pazifiks und der Tasman-See vor Northland, der langgestreckten Halbinsel im Norden Neuseelands, hat den Forderungen der Maoris neue Nahrung gegeben. Ein lokales Gericht hatte der Regierung empfohlen, den dort ansässigen Maoris das Fischereirecht zu übertragen. Das würde jedoch zu einer grundlegenden Änderung der Besitzverhältnisse in Neuseeland führen, da dann auch andere Maori-Stämme die Gültigkeit des 1840 unterzeichneten Globalvertrags von Waitangi anzweifeln würden. Dieser Vertrag gab der britischen Regierung die Souveränität über Neuseeland, erhielt den Maoris aber ihre Landrechte. Nach dem Gerichtsspruch haben weitere Maori-Stämme entsprechende Rechte angemeldet, so reklamieren beispielsweise die im Gebiet von Auckland lebenden Ngati Whatau alles Stadtterritorium im Besitz des Staates oder der Kommune und überdies eine Kompensationszahlung für allen privaten Grund in Neuseelands größter Stadt. Selbst Maori-An-

Riesige Baumfarne, die ein palmenartiges Aussehen haben, imponieren entlang des Milford Track durch ihre Größe und Kronenweite. Aufgrund der hohen Luftfeuchtigkeit finden sie hier die optimalen Lebensbedingungen.

Der Fiordland National Park besitzt neben Regenwäldern und tiefen Buchten auch tosende Wasserfälle (oben).
Azaleen erreichen aufgrund des milden Klimas eine ungeahnte Größe und Farbenpracht (unten).

wälte räumen allerdings ein, daß der Staat mit solchen Forderungen nicht leben und derart weitgehende Rechtsansprüche nicht über anderthalb Jahrhunderte zurückverfolgen kann, ohne die politische und soziale Ordnung grundlegend zu gefährden.

Neuseeländische Perspektiven

An einem Grundproblem konnten auch vertragliche Nachbesserungen nichts ändern: Die Struktur des neuseeländischen Arbeitsmarktes hat sich grundlegend geändert. Schuld daran ist vor allen Dingen eine gezielte Rationalisierung in der Landwirtschaft, die durch immer perfektere Maschinen immer mehr ungelernte Arbeitskräfte freisetzt. Das ist auch der Grund, warum zahlreiche Neuseeländer nach Australien ausgewandert sind, da in dem stärker industrialisierten und reichlich mit Bodenschätzen versorgten Australien die Möglichkeiten immer noch besser zu sein schienen als in Neuseeland.

Wenn man hört, daß den 3,4 Millionen »Kiwis« rund 70 Millionen Schafe gegenüberstehen, weiß man, worauf die Wirtschaft des Landes basiert. Und man ahnt auch, woher die ökonomischen Schwierigkeiten kommen: Neuseeland ist vorrangig ein Agrarstaat und einer der größten Agrarexporteure der Welt.
Rund 60 000 Farmen arbeiten auf den beiden Inseln, mehr als jede dritte von ihnen hat sich auf die Schafzucht spezialisiert. Lammfleisch, Wolle und Molkereiprodukte waren und sind noch immer die wichtigsten Erzeugnisse. Einst war das Mutterland Großbritannien der Hauptabnehmer – bis die Europäische Union dem ein Ende machte. Damit sanken nicht nur die Exporte auf die britischen und die kontinentaleuropäischen Märkte drastisch ab, Europa machte den Neuseeländern auch die Märkte in Amerika, Arabien und sogar in Asien streitig. Jetzt sucht Neuseeland neue Kunden in seiner Region, vor allem im prosperierenden Pazifik.
Kann Neuseeland auch nicht darauf hoffen, Öl oder Erze unter seinen immergrünen Weiden zu entdecken, so verfügt es doch über ein wertvolles Kapital für ein weltweit stark wachsendes Gewerbe: Für den Tourismus. Die weitgehend intakte Natur des Landes, fernab von sauren Regenwolken und verschmutzten Gewässern der großen Industriestaaten, profitiert von der geringen Industrialisierung im eigenen Land. Hinzu kommt, daß Neuseelands Regierungen schon früh die Bedeutung des Naturschutzes akzeptierten. Der erste Nationalpark des Landes entstand bereits 1887, als die Maori-Stämme der britischen Krone das Gebiet um den Tongariro und zwei weitere Vulkane auf der Nordinsel übergaben, damit daraus ein Naturschutzgebiet werde. Heute hat Neuseeland zwölf Nationalparks, das entspricht gut zehn Prozent der gesamten Staatsfläche.

Der Weg zum Lake Tekapo führt durch das sanft gewellte Mackenzie Country, das nach dem bekanntesten Schafdieb Neuseelands, James McKenzie, benannt wurde.

Die Kultur der Eingeborenen

Der wachsende Fremdenverkehr bietet auch den Maoris neue Chancen. Einige Stammesführer versuchen allerdings, ihren Stammesmitgliedern Besseres zu sichern als Putzjobs in den Hotels. Die in touristisch attraktiven Stammesgebieten tätige Maori-Selbstverwaltung verbindet diese Bemühungen erfolgreich mit dem Bestreben, die traditionellen Kunstfertigkeiten dieses alten Kulturvolkes zu erhalten. Erst mit dem Aufkommen des modernen Tourismus und seinen großen Besucherzahlen konnten sie nämlich diesem Handwerk eine wirtschaftliche Basis sichern: Seither lohnt es sich wieder, für souvenirsammelnde Besucher jene Ornamente zu schnitzen, die einst die prachtvollen Gemeinschaftshäuser in den »Pas«, den palisadenbewehrten Dörfern, verzierten. Es lohnt sich auch wieder, die »Tikis« genannten Amulette aus dem traditionell verwendeten Grünstein (eine Jadeart) anzufertigen. Gleiches gilt für die Kunst, aus Baumrinde oder vielerlei anderen Materialien der Natur Stoffe und ornamentenreiche Kleidungsstücke herzustellen. Für touristische Zwecke entstehen auch noch einige der schmucken Holzbauten mit den charakteristischen Hochdächern, die nach Art der Vorväter mit den herrlich schimmernden blaugrünen Schalen der Pauamuscheln dekoriert und in den alten Erdfarben Rot, Weiß und Schwarz koloriert werden. Die Farbstoffe entstammen heute allerdings den chemischen Tiegeln der Farbenfabriken. Auch die einst im ganzen polynesischen Inselbogen geschätzte hohe Kunst der Tätowierung, die als Körperschmuck und – vor allem zusammen mit Grimassen und weit herausgestreckter Zunge – zur Abschreckung der Feinde diente, wird heute fast nur noch mit abwaschbaren Farben geübt.

Solide Handwerkskunst ist allerdings gefragt, wenn es – wieder einmal – gilt, ein Kanu zu bauen. Diese Ausleger-Boote dienten in voreuropäischen Zeiten zu Reise-, Kriegs- und Zeremonienzwecken (bisweilen auch als Grabbeigaben), sie transportierten damals 100 und mehr Menschen über weite Strecken. Die aus massiven Stämmen geschnittenen, in den Wogen fragil wirkenden, nur von Verfugungen und Naturfasern zusammengehaltenen Boote lassen ahnen, welch gewaltige seemännische Leistungen die Vorfahren der heutigen Maoris vollbrachten, als sie erstmals Neuseeland ansteuerten. Nachdem es auf Hawaii und in anderen Teilen Polynesiens erfolgreiche Versuche gegeben hat, mit Nachbauten solcher Kanus die transpazifischen Reisen von einst nachzuvollziehen, gibt es ähnliche Bestrebungen auch in Neuseeland.

Die große mythologische Bedeutung, die Kanus in der Geschichte der neuseeländischen Maoris haben, wird deutlich in der Sage von »Rata und seinem Kanu«, die Alistair Campbell in seinem kleinen Buch mit

Maori-Legenden nacherzählt: Rata hatte beschlossen, die Gebeine seines in der Ferne verstorbenen Vaters zurückzuholen. Für diese »heilige« Reise wollte er ein großes Kanu bauen. Er ging in den Wald, suchte sich einen mächtigen Baum aus und fällte ihn unverzüglich und ohne alle Rituale. Als er am nächsten Tag wieder zu dem Stamm kam, stand dieser wieder aufrecht in alter Pracht, verwachsen mit seinen Wurzeln. Rata wunderte sich zwar, fällte ihn aber ein zweites Mal. Als er am dritten Tag wieder zu dieser Stätte im Wald kam, stand er erneut vor dem hochragenden Baum. Er hieb ihn zum dritten Mal um, versteckte sich aber bei Einbruch der Dunkelheit im Gebüsch, um zu beobachten, was mit seinem Kanustamm geschehe. Kaum war er außer Sicht, richtete sich der Stamm wieder auf, und zahlreiche Tiere des Waldes sorgten dafür, daß jeder Ast und jedes Blatt, jeder Holzspan und jedes Stück Borke wieder an seinen Platz kam. Rata sprang aus dem Gebüsch hervor, fing einige der kleinen Tiere und fragte zornig, was sie mit seinem Baumstamm anstellten. Die Tiere belehrten ihn, daß der Baum dem Gott des Waldes gehöre und daß der Häuptling nicht ohne Einwilligung des Gottes ein Kanu daraus schlagen dürfe. Rata sah seinen Fehler unverzüglich ein und war beschämt. Als die Tiere bemerkten, daß er reumütig war, sagten sie ihm, sie wollten für ihn das Kanu bauen. Und so geschah es über Nacht, worauf sich Rata mit Opfergaben bei dem Gott des Waldes bedankte und sein Kanu zu Wasser ließ, um die sterblichen Überreste seines Vaters heimzuholen.

Der Totenkult

Der Totenkult der Maoris erinnert aber auch an dunkle Zeiten der Maori-Historie: An den einst weit verbreiteten Kannibalismus. James Cook notierte zu diesem Thema am 17. Januar 1770 in seinem Tagebuch: »Kurz nach unserer Landung trafen wir zwei oder drei Eingeborene, die offenkundig nicht lange zuvor Menschenfleisch gegessen hatten, da ich von ihnen den Unterarmknochen eines Mannes oder einer Frau erhielt, von dem das Fleisch erst kürzlich abgeknabbert worden war. Das hätten sie gegessen, sagten sie, und daß sie erst vor einigen Tagen eine Kanumannschaft ihrer Feinde oder von Fremden getötet und aufgegessen hätten.« Cook wollte ganz sicher gehen und ließ durch seinen Übersetzer den Maoris sagen, dieser Armknochen sei von einem Hund, nicht aber von einem Menschen. Aber einer der Maoris erklärte voller Inbrunst, dies sei ein Menschenknochen. All dies geschah im Queen Charlotte Sound an der Cook Strait, der britische Navigator nannte die Bucht daraufhin Cannibal Cove.

Die Köpfe der Getöteten wurden in der Regel präpariert und aufgehoben. Auch hierfür sind die Aufzeichnungen Cooks der erste Beleg: Einige Tage nach dem Vorfall in der Cannibal Cove kamen wieder einige Maoris mit ihren Kanus und zeigten vier Köpfe, die sie ihren Feinden abgeschlagen hatten. Der Wissenschaftler Joseph Banks konnte einen der Schädel erwerben, die anderen wollten die Maoris allerdings nicht hergeben. In späteren Jahren fanden viele dieser Köpfe als makabre Souvenirs ihren Weg nach Europa.

Die Maori-Sitte, die Köpfe erschlagener Feinde aufzuheben, wurde 1820 verboten. Der Kannibalismus der Maoris, der ebenso wie die Gewohnheit, Frauen und Kinder von Kriegsgegnern als Sklaven zu nehmen, zuvor schon von den christlichen Missionaren weitgehend ausgerottet worden war, hat die Wissenschaftler ausgiebig beschäftigt. Der Grund für diese Menschenfresserei ist noch nicht definitiv geklärt; vermutlich hatte sie spirituelle Bedeutung, überdies

Bungee Jumping gehört zu den zahlreichen Freizeitangeboten um Queenstown; hier springt man an einem Gummiseil von der Kawarau Suspension Bridge.

So klein (unten) fangen auch die größten Schafböcke (oben) einmal an.

sollte sie wohl eine zusätzliche Demütigung für den Stamm der Feinde darstellen. Die Theorie, wonach die Ureinwohner den Proteinmangel ihrer Ernährung ausgleichen wollten, gilt inzwischen als widerlegt, denn Fische und Vögel gab es stets reichlich.

Ein Paradies für Tiere und Pflanzen

Die isolierte Lage Neuseelands und das historisch späte Eintreffen der Europäer hat – ähnlich wie in Australien – auf den Inseln eine einzigartige Tier- und Pflanzenwelt erhalten, die sich teilweise bis in die Urzeit zurückverfolgen läßt. Dabei haben die neuseeländischen Inseln bei der Verteilung des irdischen Getiers großes Glück gehabt: Bis auf eine äußerst rare giftige Spinnenart gibt es zu Lande keine Tierart, die dem Menschen gefährlich werden kann, auch keine der Schlangen, die man auf dem australischen Kontinent in großer Zahl und Artenvielfalt antrifft. Ausgedehnte Naturwanderungen in den neuseeländischen Parks sind kein Problem; schlimmstenfalls begegnet man auf den gut ausgeschilderten Pfaden einem Wildschwein. Blutrünstig und mehr denn lästig sind hingegen die moskitoartigen Mücken, die man vor allem an der Westküste der Südinsel antrifft und die bisweilen den Marsch über den zu Recht vielgepriesenen Milford Track zur Fjordküste recht unangenehm machen. Ein allgemein wirksames Abwehrmittel gegen diese Plagegeister scheint es nicht zu geben.

Die einzigen Säugetiere aus der Zeit vor dem Eintreffen der Europäer sind zwei Fledermausarten. Ob diese allerdings wirklich endemisch sind, das heißt nur auf diesen Inseln gelebt haben, ist zweifelhaft, zumal es im Süden Australiens Fledermäuse gibt, die mit einer der beiden neuseeländischen Arten biologisch eng verwandt sind.

Zwei weitere Säugetierarten, den polynesischen Hund und die polynesische Ratte, hatten die Maoris in ihren Kanus mitgebracht, denn sowohl Hund als auch Ratte dienten den Polynesiern als Speise. Schon Cook berichtete: »Wir sahen keine vierfüßigen Tiere, weder wilde noch zahme, auch keine Spuren, außer denen von Hunden und Ratten, besonders der letzteren.«

Zur Befriedigung ihres Jagdvergnügens führten die britischen Siedler 1851 das erste Rotwild in Neuseeland ein. Noch bis in die zwanziger Jahre unseres Jahrhunderts wurden verschiedene Wildarten ausgesetzt. Allerdings waren damals schon die Schäden zu erkennen, die das Wild, das sich mangels natürlicher Feinde stark vermehrte, in den Wäldern anrichtete. In den Jahren nach dem Zweiten Weltkrieg wurde es bar aller waidmännischen Vorstellungen mit Hubschraubern gejagt, um es zu dezimieren. Da sich das Wildfleisch als Exportschlager erwies, wurden Wildfarmen in mehreren Regionen gegründet, in die auch gefangene Tiere zur Blutauffrischung aufgenommen wurden.

Europäische Ratten, aber auch verwilderte Hunde und Katzen oder andere Tiere, die mit den Europäern ins Land kamen, haben ebenfalls das Gleichgewicht der Natur in Neuseeland sehr gestört. Dies insbesondere, da die meisten einheimischen Tiere keine natürlichen Feinde kannten und somit auch keine Fluchttriebe besaßen.
Das sollte sich besonders für einige Vogelarten fatal auswirken. In erster Linie gilt das für den Moa, einen straußengroßen Laufvogel, den die Morioris (die Polynesier der ersten Einwanderungsepoche) und die ihnen nachfolgenden Maoris offensichtlich als Delikatesse schätzten und bis zur Ausrottung bejagten. Heute zeugen nur noch Knochenfunde von diesen bis zu drei Meter hohen und 230 Kilo schweren Urvögeln, die um das Jahr 1500 ausstarben.

Vögel in allen Farben

Was dem größten Vogel des Landes bereits widerfahren ist, das droht derzeit auch dem Kakapo. Dieser schöne, goldgelb und grün gefärbte Papagei ist heute eine leichte Beute für die Nachfahren jener Katzen und Ratten, die mit britischen Schiffen nach Neuseeland kamen, aber auch für die Wiesel, die von jagdbegeisterten Briten eingeführt wurden. Kakapos sind für diese Raubtiere leicht zu erlegen, da diese Papageienart aufgrund ihrer evolutionären Entwicklung fast flugunfähig ist. Die Kakapos können lediglich an Bäumen emporklettern, ihre Flügel benutzen sie nur, um im Gleitflug von den Ästen wieder zur Erde hinunterzugelangen. Mehrere Versuche, diese Vögel auf Inseln ohne Feinde nachzuzüchten, sind bislang gescheitert, dennoch hoffen Forscher auf eine erfolgreiche Nachzucht auf einer besonders abgelegenen Insel.
Neben den Kakapos gibt es noch andere Vogelarten, die nur auf Neuseeland zu finden sind. Zu ihnen gehören beispielsweise die Pukekos aus der großen Sumpfhuhnfamilie, die ihre Scheu vor den Menschen überwunden haben. Anders erging es den ihnen verwandten Takahes, die von dem importierten Raubgetier stark dezimiert wurden. Erst 1948 wurde zufällig eine kleine Brutkolonie im schwer zugänglichen Südwesten des Fiordland National Parks auf der Südinsel entdeckt – in einem Tal mit verstecktem Eingang, das vermutlich noch nie von einem Menschen betreten worden war. Der Vogel, der etwas größer als ein Haushahn wird und eine prächtige Zeichnung in Rot, Grün und Blau hat, wird heute streng geschützt. Zuchtversuchen sind nur bescheidene Erfolge zuteil geworden, da dieser Vogel nur bestimmte Pflanzen frißt.
Ganz andere »Diätgewohnheiten« besitzt der nach dem Klang seines Schreies genannte Kea, eine neuseeländische Papageienart von olivgrüner Farbe mit scharlachroter Flügelunterseite. Der Vogel, der fast einen halben Meter groß werden kann, frißt nicht nur Beeren, Früchte und Samen, sondern auch Würmer und Insekten. Er ist somit der einzige fleischfressende Papagei; vielleicht ist das der Grund dafür, daß die Schaffarmer den Vogel seit Einfuhr der ersten Schafe verdächtigen, er raube ihnen die Lämmer. Der Kea lebt in den Bergen der neuseeländischen Alpen, in den Wintermonaten siedelt er um in das Flachland an der Westküste. Keas sind außergewöhnlich intelligente und freche Vögel mit viel Vergnügen an allem, was Lärm macht, und mit einem ausgeprägten vandalischen Spieltrieb: Es sind Fälle bekannt, in denen sie Bergwanderern ihre Zelte total zerrissen haben. Touristen finden es anfangs meist possierlich, wenn die Keas an ihren Schuhen herumknabbern und die Schnürsenkel herausziehen, aber mit der Zeit können die dreisten Burschen ganz schön lästig fallen.
Zu den endemischen Vögeln Neuseelands zählen auch der Fantail, der Tui, die Kereru

Auf die originelle Tierwelt sind in Neuseeland auch die Straßenschilder zugeschnitten (oben).
Seevögel wie Kormorane, Reiher und Stelzvögel bevölkern in großer Zahl die Strand- und Wattgebiete (unten).

An den Binnengewässern (hier der Lake Taupo) sind häufig schwarze Schwäne zu sehen.

genannte neuseeländische Taube, der wegen seiner Sangesfreude als »Neuseelands Nachtigall« bezeichnete Bellbird, der räuberische Weka und der daumengroße Rifleman, der der kleinste unter Neuseelands Vögeln ist. Etwa 250 Vogelarten sehen die Ornithologen als endemisch an, die Hälfte von ihnen sind allerdings Seevögel.

Vogel, Frucht und Mensch – der Kiwi

Nicht ungefährdet, aber noch nicht von der Ausrottung bedroht ist der älteste Vogel im Land, der Kiwi, auch wenn die flugunfähigen Laufvögel mit den charakteristischen langen Schnäbeln selten in der Natur zu sehen sind. Das ist leicht erklärlich, denn Neuseelands Wappenvogel ist ein Nachttier, tagsüber ruht er im Unterholz. Nachts hört man jedoch die Kii-Wii-Lockrufe der männlichen Tiere, denen diese Vögel ihren Namen verdanken. Heute existieren noch drei Arten dieser Familie: Der kleine gepunktete Kiwi, sein großer gepunkteter Bruder und der braune Kiwi. Letzterer ist in ganz Neuseeland anzutreffen, während die beiden anderen Arten nur noch an der Westküste der Südinsel leben. Der braune Kiwi, der gut 30 Zentimeter groß wird, hat ein auffallendes, fast an ein Tierfell erinnerndes Federkleid; er lebt, wie auch die beiden anderen Kiwi-Arten, von Früchten und Insekten.
Warum die Neuseeländer gerade diesen eher unscheinbaren Vogel zu ihrem Wappentier machten, ist nicht bekannt. Vermutlich hatten die weißen Insulaner schon bald den Spitznamen »Kiwis« weg; es ist gut möglich, daß die australischen Vettern, mit denen die Neuseeländer eine spottfreudige Rivalität pflegen, den Namen des halbblinden Nachtgetiers zuerst als »Koseform« für ihre Nachbarn prägten. Wie auch immer, die Neuseeländer werden mittlerweile in der ganzen Welt und ohne böswilligen Unterton »Kiwis« genannt, die Mehrzahl von ihnen hat diesen Namen auch längst akzeptiert und benutzt ihn selber stolz.
So gesehen war es ein kluger Schachzug, als einige Farmer in Neuseeland, die mit der Anzucht der »chinesischen Stachelbeere« begonnen hatten, deren Früchte als »Kiwis« vermarkteten. Kiwis werden nun auch in anderen Ländern angebaut; solange dies nur in Europa und den Vereinigten Staaten geschah, hat es die Neuseeländer nicht gestört, da so die Früchte in Europa und Nordamerika auch erhältlich sind, wenn sie selber wegen der verschobenen Jahreszeiten nicht liefern können. Mittlerweile züchten aber auch Länder auf der Südhalbkugel der Erde Kiwis, so Südafrika und Chile.

Seltene Urtiere und Meeresbewohner

Doch von der Flora noch einmal zurück zur Fauna: Der Tuatara ist die älteste lebende Tierart, sie geht auf die Reptilienfamilie der Rhynchocephalia zurück, die vor ungefähr 200 Millionen Jahren in allen Erdteilen lebte. Der Tuatara ist der einzige Nachkomme dieser Tierart, er ist älter als die Schildkröte und wird deshalb häufig auch als »lebendes Fossil« bezeichnet. Tuataras werden circa 50 bis 60 Zentimeter groß und sehr alt, ausgewachsene Tiere sind etwa 60 Jahre alt. Nur auf zwei kleinen Inselgruppen nordöstlich der Nordinsel leben sie zur Freude der Biologen noch wie vor Millionen Jahren.
Sie jagen meistens nachts nach Insekten, gelegentlich fressen sie auch Vogeleier oder Jungvögel. Tuatara-Weibchen legen jährlich 12 bis 15 Eier und vergraben sie im Sand und unter Blättern. Auf den ersten Blick wirken die gelbgrünen, mit Scheinstacheln auf dem Rücken bewehrten Tuataras wie große Eidechsen, sie gehören aber nicht zu deren Familie, ganz im Gegensatz zu den Geckos und Skinks, von denen es hier 17 verschiedene Arten gibt.

Raritäten der Tierwelt finden sich auch in den Meeren, beispielsweise der Hektor-Delphin, der noch in der Cook Strait anzutreffen ist, oder der Schäferwal, von dem sich noch einige Exemplare in den klaren Fluten südlich von Stewart Island tummeln. Wale und Robben sind generell seltener geworden in den neuseeländischen Gewässern. Zu Zeiten Cooks waren die Meere offenbar noch voller derartiger Seesäugetiere; aufgrund der Berichte von Cook machten sich dann auch Wal- und Robbenfänger als erste Weiße auf nach Neuseeland. Ihr Eintreffen hatte katastrophale Folgen auf das maritime Leben: Ganze Robbenkolonien wurden abgeschlachtet und ausgerottet, die reichen Walbestände wurden stark dezimiert; nur die seinerzeit unzugänglichen Gebiete der Antarktis boten den Tieren einen Schutz.

Die Fischschwärme rings um Neuseeland sind erst in jüngster Zeit in Gefahr geraten, nachdem moderne Fangflotten mit großen Schleppnetzen die Gewässer abfischen. Die Maoris hatten zwar schon immer Fischfang betrieben, ihre Fangmethoden bedrohten die Bestände aber nicht. Die Regierung in Wellington erklärte 1978 einen Zweihundert-Meilen-Streifen als »exklusive ökonomische Zone«, in der nur Neuseeland das Recht zum Fischfang und zu anderen wirtschaftlichen Aktivitäten hat. Rund 1,2 Millionen Quadrat-Seemeilen groß ist dieses Meeresterrain. In ihm betreibt Neuseeland heute über einen Fishing Industry Board einen kontrollierten Fischfang; gefangen wird in erster Linie Red Snapper, der auf vielen neuseeländischen Speisekarten zu finden ist, und Thunfisch.

Eine exotische Pflanzenwelt

Neuseeland zeichnete sich früher vor allem durch seine dichten, urwaldartigen Wälder aus. Heute sind diese fast nur noch in den Nationalparks zu finden, da die landwirtschaftlich nutzbaren Flächen größtenteils gerodet wurden. Die ersten europäischen Besucher Neuseelands fanden noch ein nahezu undurchdringliches Land vor, in dessen Inneres man nur auf den wenigen schiffbaren Flußläufen vorstoßen konnte.

Die Hoffnung der ersten Siedler, große Flächen leicht zu bestellenden Grundes anzutreffen, wurde so sehr bald enttäuscht. Sie mußten ihre Felder mühsam dem Wald abringen. In den Anfangsjahren bedienten sie sich dabei vorzugsweise der Brandrodung. Dieses brutale Verfahren hat der einheimischen Pflanzenwelt schwer geschadet, zumal die nach der Rodung einsetzende Erosion auch Landstriche erfaßte, die nicht unmittelbar Ziel der Landgewinnung waren. Als Vorhut der Feuerleger zogen damals die Holzfäller auf der Suche nach den mächtigen und geldbringenden Kauri-Fichten durch die Wälder.

Dieser Baum, dessen Bestände heute mühsam aufgepäppelt werden, ist eine von rund 2500 Pflanzen, die ursprünglich nur in

Seevögel brüten meist in riesigen Kolonien an der felsigen Küste und in den Klippen (hier bei Oamaru).

Neuseeland heimisch waren. Die Kauri-Fichte war in vorhistorischen Zeiten im größten Teil Neuseelands verbreitet, heute gedeiht sie nur noch im subtropischen Norden. Kauris wachsen langsam, sie brauchen bis zu 1000 Jahre, um ihre volle Größe von fast 50 Metern zu erreichen, und können bis zu 1500 Jahre alt werden. Ähnlich hoch wird der Kahikatea, der auch als »weiße Kiefer« bezeichnet wird. Biologisch ist das nicht ganz korrekt, da der Baum der Gattung Taxaceae zuzurechnen ist. Dasselbe gilt für die »rote Kiefer«, bekannter unter ihrem einheimischen Namen Rimu.

Zu den außergewöhnlichen Pflanzen des Landes gehört die Nikau-Palme, die südlichste Palmenart der Welt. Der bis zu zehn Meter hohe Baum trägt purpurfarbene Blüten und scharlachrote Früchte. Wie eine Palme wirkt mit seinen langen, schmalen Blättern auch der Cabbage Tree. Die Pflanze, die bis zu 13 Meter hoch wird, verdankt ihren Namen einer Verwechslung mit der Nikau-Palme, deren fleischiges Stammende von den Maoris verzehrt wurde: Falsch, aber unausrottbar ist die Annahme, die ersten weißen Siedler hätten die Schößlinge am oberen Ende des Stammes gekocht und gegessen, als Ersatz für den aus der Heimat bekannten Kohl (cabbage); Blätter und Schößlinge sind jedoch außerordentlich bitter.

Die Kowhai sind wegen ihrer goldgelben Blütenpracht im Frühling nicht nur in der Natur, sondern auch in vielen Gärten zu finden. Nicht minder beliebt sind aber die Rata-Bäume, die im Frühsommer mit ihrer roten Blütenpracht erfreuen. Etwa zur selben Zeit, in der zweiten Dezemberhälfte, erblüht in tiefroten fiederartigen Blüten auch ihr Verwandter, der Pohutukawa; er wird deshalb auch als »Neuseelands Weihnachtsbaum« bezeichnet.

Besonders deutlich wird das in Neuseeland üppige Wachstum angesichts der dort heimischen Farne. In europäischen Wäldern kennt man diese Pflanzen mit dem reichen filigranen Blattwerk bestenfalls als Büsche. Auf den Inseln unter dem Kreuz des Südens wachsen einige der dort vorkommenden 200 Farnarten sogar zu Bäumen mit einer Gipfelhöhe von 15 bis 20 Meter heran. Diese Riesenexemplare sind meist Mamakus; mit ihren fünf bis sechs Meter weiten Kronen geben sie in den Regenwäldern ein majestätisches Bild ab. Kleiner, aber nicht minder nobel wirken die Pongas, die bekannter sind unter der Bezeichnung »Silver Fern«. Diesen Namen erhielten die Bäume wegen der silbrigweißen Unterseite ihrer Blätter. Diese Blätter zieren nun die traditionell schwarzen Trikots der neuseeländischen Nationalmannschaften.

Aotearoa und seine Geschichte

»Aotearoa« nennen die Maoris ihre Heimat, was »Land der großen weißen Wolke« bedeutet. Für seine Herkunft gibt es zwei Deutungen. Beide gehen von dem Moment aus,

Die ehemals französische Kolonie »La Presqu'île de Banks«, die später Akaroa genannt wurde, entwickelte sich zu einer der schönsten Siedlungen des Landes.

Akaroa war um 1800 ein beliebter Anlaufpunkt für Walfangschiffe. Viktorianische Holzhäuser (oben) und ein Leuchtturm (unten) zeugen von der Vergangenheit.

da sich die ersten Maori-Kanus dem neuen Land näherten. In der Weite des Pazifiks waren die sich über Inseln auftürmenden Wolken seit alters her eine Navigationshilfe; über den großen neuseeländischen Inseln könnten sich auch besonders umfangreiche Wolkenbänke gebildet haben, die diesen Namen erklärten. Die andere Interpretation unterstellt, daß sich die Maori-Boote zuerst der Südinsel genähert haben und die Gipfelkette der Alpen erblickten. Den für sie völlig unbekannten Schnee hielten sie für eine langgestreckte Wolke.

Die Fakten dieser polynesischen Besiedlung liegen im Dunkeln, sie vermischen sich mit Sagen und mündlichen Überlieferungen. Zu den bekanntesten Geschichten gehören die von Maui, einem mythischen Halbgott, dem die neuseeländischen Ureinwohner auch die Entstehung ihrer Heimat zuschreiben: Maui war einmal mit seinen mißgünstigen Brüdern zum Angeln weit hinaus auf das Meer gesegelt. Dort fingen seine Brüder reichlich Fische. Als sie damit zurückrudern wollten, sagte Maui, nun wolle er auch angeln, und zog seinen Angelhaken hervor. Als Maui seine Brüder um etwas Köder bat, verweigerten sie ihm dies.

Also rieb Maui den Haken mit seinem eigenen Blut ein und ließ ihn in die Fluten versinken. Bald zuckte die Leine, und Maui holte sie ein. Vor Anstrengung lief ihm der Schweiß in Strömen über die Stirn und die mächtige Brust. Unter aller Kraftaufbietung zerrte der Halbgott seine Beute an die Oberfläche – einen gewaltigen Fisch, der auf seinem Rücken ein ganzes Dorf trug. Maui ruderte das Kanu an Land und sagte seinen Brüdern, er wolle diesen Fang mit ihnen zu gleichen Stücken teilen, nachdem er ein Opfer entrichtet habe. Seine Brüder versprachen ihm, den großen Fisch nicht anzurühren, ehe Maui zurückgekehrt sei. Doch kaum war er außer Sicht, zogen seine Brüder ihre Messer heraus und hieben sich dicke Stücke aus dem Fisch – der natürlich Neuseelands Nordinsel ist. Ihre schroffen Klippen, ihre gebirgige Oberfläche sind das Ergebnis der Tat jener gierigen Brüder. Noch heute heißt die Nordinsel unter den Maoris »Te Ika a Maui«, Mauis großer Fisch.

Die Archäologen vermuten, daß die Polynesier etwa seit 700 nach Christus auf Aotearoa leben. In der polynesischen Tradition wird die Entdeckung von Mauis großem Fisch einem Navigator namens Kupe zugeschrieben. Zwölf Großkanus mit jeweils bis zu 100 Passagieren sollen auf seine Anregung das paradiesische Land angesteuert haben. Auf die Boote dieser Flotte führen sich heute noch die verschiedenen neuseeländischen Maori-Stämme zurück. Wissenschaftler vermuten, daß zwischen dem 10. und 12. Jahrhundert unabhängig voneinander mehrere polynesische Kanus auf die Insel verschlagen wurden.

Damals herrschten wahrlich keine friedlichen Zeiten in der Südsee. Die Polynesier fochten blutige Stammesfehden aus. Mit

Majestätisch und imposant: Das bläulich schimmernde Eis des Franz Josef (oben) und des Fox Glacier (unten).

diesen Kämpfen sah sich auch der erste Besucher aus Europa konfrontiert. Abel Janszoon Tasman, ein niederländischer Kapitän, sichtete am 13. Dezember 1642 die hohen Berge der Südinsel und nannte seine Entdeckung »Staten Land«, was später nach der holländischen Provinz Seeland in »Nieuw Zeeland« umgeändert wurde.

Wenige Tage später gingen seine beiden Schiffe an einer scheinbar gut geeigneten Stelle unweit des heutigen Nelson auf der Südinsel vor Anker. Doch Tasmans Matrosen gerieten beim Versuch, dort an Land zu rudern, in einen heftigen Kampf mit den Maoris, die sie attackierten. Der niederländische Seefahrer verlor dabei vier Mann und nannte den Küstenstreifen »Mörderbucht«. Tasman segelte nordwärts daraufhin weiter an der Küste entlang, übersah den Meereskanal zwischen Nord- und Südinsel und verließ die ungastliche Küste ohne weiteren Landungsversuch. Der »Entdecker« Neuseelands hat somit nie einen Fuß auf diese Inseln gesetzt.

Die Europäer kommen

Erst 1769 ging der bedeutendste unter den pazifischen Entdeckern, James Cook, in der Poverty Bay an der Ostküste der Nordinsel an Land. Auch er war auf der Suche nach der legendären Terra Australis Incognita, dem vermeintlich reichen Südkontinent. Cook nahm das Land für den englischen König in Besitz und kartographierte die Inselgruppe mit Akkuratesse. Dabei unterliefen ihm nur zwei Fehler: Stewart Island an der Südspitze erkannte er nicht als Insel, dafür trug er die Banks-Halbinsel bei Christchurch als Insel in seine Karten ein. Der erfahrene Navigator fand Gefallen an Neuseeland und sah gute Möglichkeiten, hier eine Kolonie zu etablieren. Er notierte damals im Bordtagebuch: »Würde dieses Land von fleißigen Menschen besiedelt, wären diese sehr bald nicht nur mit den notwendigsten Dingen versorgt, sondern auch mit vielen Luxusartikeln des Lebens.« Solche vielversprechenden Berichte ließen Anfang des 19. Jahrhunderts die Walfänger und Robbenjäger Kurs auf Neuseeland nehmen.

Auch die Kirche entsandte bald ihre Missionare in die Bay of Islands, dem damaligen Zentrum der weißen Siedler. 1833 wurde der dort lebende James Busby zum »British Resident« ernannt – die erste offizielle Übernahme eines Amtes in der Kolonie durch die Krone und ihre Vertretung in London. Verwaltet wurden die neuseeländischen Inseln vom heutigen Sydney aus als Teil der britischen Kolonie New South Wales in Australien.

Der Gouverneur von New South Wales entsandte vier Jahre später Captain William Hobson mit dem Auftrag, die Siedlungsmöglichkeiten in Neuseeland zu erkunden. Hobson schlug einen Vertrag mit den Maori-Stämmen vor. Er wurde dann als erster Lieutnant Gouverneur für Neuseeland bestallt und legte 46 Maori-Häuptlingen am

6. Februar 1840 in Waitangi an der Bay of Islands einen Vertrag vor. Danach sollte die britische Krone die Souveränität über die Inseln erhalten, und Landverkäufe der Maoris sollten ausschließlich an die Krone gehen. Dafür erkannten die Briten das Recht der Maoris über ihr Land an. Im Alltag verlief der Landhandel zwischen den Einheimischen und den weißen Siedlern allerdings nicht immer so reibungslos, wie sich das die Väter des Vertrags von Waitangi erhofft hatten.

Im Jahr der Vertragsunterzeichnung waren unweit des heutigen Wellington die ersten Siedler der »New Zealand Company« an Land gegangen. In diese Gesellschaft hatte London große Erwartungen gesetzt. Ihre Siedler sollten einer der Garanten dafür sein, daß bei der Gründung der neuen Kolonie alles seinen geordneten Gang gehe. Doch diese Hoffnungen erfüllten sich nicht. Für den ersten Rückschlag hatte schon Jahre vor der Gesellschaftsgründung das sogenannte Boyd-Massaker gesorgt: Der Kapitän der »Boyd«, eines britischen Schiffes, das vom Kap der Guten Hoffnung auf dem Weg nach Neuseeland war, hatte in seiner Mannschaft auch einen Maori-Häuptling. Diesen ließ der Kapitän auspeitschen, und der Maori schwor Rache. Als das Schiff im Jahr 1849 in Whangaroa vor Anker ging und der Kapitän mit einem Teil seiner Besatzung an Land ging, wurden alle von den Maoris umgebracht. Beim Sturm auf das Schiff wurde unabsichtlich die Pulverkammer in Brand gesteckt. Die »Boyd« flog in die Luft. Als der Vorfall in England bekannt wurde, ließ das Interesse an einer Aussiedlung nach Neuseeland stark nach.

Die Kronkolonie wird unabhängig

Auch die folgenden Jahre ließen die Inseln bei den Antipoden nicht als erstrebenswertes Siedlungsgebiet erscheinen: Durch die Verbreitung der Feuerwaffen, die von skrupellosen Händlern ins Land gebracht wurden, nahmen die Stammeskriege zwischen den Maoris noch blutigere Formen an.

Erst Gouverneur George Edward Grey, eine der zentralen Gestalten in der neuseeländischen Geschichte, konnte Mitte des Jahrhunderts mit seinen Armee-Einheiten für Frieden im Land sorgen. Grey, der später auch Premierminister von Neuseeland werden sollte, konnte sowohl den Respekt der Maoris wie seiner weißen Landsleute erringen. Das Land entwickelte sich allmählich zu einem zivilisierten Staatswesen; die Zahl der »Pakehas«, wie die Maoris die Weißen bis heute nennen, nahm kräftig zu.

Nicht alle Siedler wollten die allmähliche Entwicklung zu einem geordneten Staatswesen abwarten, viele von ihnen drängten darauf, schneller an das Land der Maoris zu kommen und auch größere Ländereien zu erhalten. Daraus entwickelten sich erst vereinzelte lokale Konflikte, die schließlich in die »Maori-Kriege« mündeten. Zur Lösung

Wanaka (oben) liegt am schönsten See der Alpen-Ostseite.
Der Mount Aspiring National Park im Hinterland von Wanaka ist ein Ziel für Bergsteiger (unten).

Eingerahmt von gelben Tussock-Hängen und schneebedeckten Gipfeln liegt der Lake Tekapo im Mackenzie Country.

Zwischen Cape Foulwind und Greymouth liegt die wohl großartigste Küstenstrecke Neuseelands mit bizarren Felsformationen, unterbrochen von einsamen Sandstränden (rechts).

der Probleme wurde der »Maori Land Court«, ein Gerichtshof, der sich nur mit Streitigkeiten um Grund und Boden und den verbrieften Rechten der Ureinwohner beschäftigte, gegründet. Die Probleme waren jedoch so nicht zu lösen. Durch Aufhebung des Monopols der Krone für den Handel mit Maori-Land waren der Spekulation Tür und Tor geöffnet worden. Überdies hatte die seit 1856 selbstverantwortlich agierende Regierung Neuseelands auf Drängen landhungriger weißer Siedler während der Maori-Kriege rechtswidrig große Stammesgebiete der Maoris konfisziert, was zu neuen Kämpfen mit den Maoris führte und heute eines der Argumente ist, mit denen die Maori-Bewegung Land zurückfordert.

1859 entschlossen sich einige Stämme, nach englischem Vorbild einen König einzusetzen, da sie die Nachteile ihrer zersplitterten Stammeskultur erkannten. Ihre eigene Souveränität wollten die Gründerstämme aber dadurch nicht eingeschränkt wissen. Die Sitte, einen König oder eine Königin zu krönen, hat sich bis heute erhalten, wenngleich die Monarchen vornehmlich als moralische Instanz und als formelle Repräsentanten ihrer Landsleute gelten.

Turbulente Jahre

In den Jahren der Maori-Kriege und ihrer Nachwehen entwickelten sich erstmals religiös begründete Maori-Gruppierungen. Sie gewannen insofern eine politische Bedeutung, als sie ihren Einfluß bei ihren Anhängern auch bei der Besetzung von Parlamentsposten geltend machten, die den Maoris verfassungsgemäß zustehen. Diese Maori-Sekten haben allerdings nach dem Zweiten Weltkrieg viel von ihrem Einfluß verloren. Andere christliche Religionsgemeinschaften, vor allem die Adventisten, konnten inzwischen unter den Maoris, aber auch unter den weißen Neuseeländern, immer mehr Anhänger gewinnen.

Die Kämpfe zwischen Siedlern, Maoris und britischen Soldaten erreichten Mitte des vergangenen Jahrhunderts ihren Höhepunkt. Sie verloren jedoch an Bedeutung, als die Schlagzeile »Gold gefunden!« die Runde machte. Nahe der neuen Hauptstadt Auckland war auf der Coromandel-Halbinsel das begehrte Metall entdeckt worden. Die Fundstätten erwiesen sich allerdings als nicht besonders ergiebig. Aber da kam rechtzeitig die Nachricht: Auf der Südinsel sind stattliche Goldlager gefunden worden. In einem zeitgenössischen Lied hieß es damals: »Sie sagen, sie können die Nuggets mit ihren Messern herausschieben – eine hübsch einfache Art, an Gold zu kommen.« Das war zwar übertrieben, aber Neuseeland erlebte nun einen richtigen Goldrausch, selbst aus Amerika eilten die Goldgräber herbei. Gestützt auf ihren neuen Wohlstand, drohten die Bewohner der Südinsel sogar damit, sich aus dem neuseeländischen Staatsverbund zu lösen. Sie, die nur wenige Maoris zu Nachbarn hatten, wollten mit ihren satten Goldgewinnen nicht die Maori-Kriege auf der Nordinsel finanzieren. Um solch separatistischen Bestrebungen entgegenzuwirken, war schon zuvor – im

Jahr 1865 – die Hauptstadt ein weiteres Mal verlegt worden, diesmal von Auckland nach Wellington an der Cook Strait, durch die Nord- und Südinsel getrennt wird. Seither hat Neuseeland praktisch zwei Hauptstädte: Die politischen Entscheidungen fallen in Wellington, die wirtschaftliche Macht blieb in Auckland konzentriert.

Die Goldfunde hatten dem Land zwar starke ökonomische Impulse gegeben, aber die Erträge aus den Lagerstätten ließen bald nach. Deshalb riskierte 1870 der damalige Finanzminister und spätere Premierminister Julius Vogel eine außerordentlich hohe Kreditaufnahme, um seinem Land die dringend benötigte Infrastruktur zu geben und neue Arbeitsplätze schaffen. Bereits im nächsten Jahr wurde mit dem Aufbau eines Eisenbahnnetzes begonnen. 1872 entstand die erste Telegraphenverbindung zwischen Auckland, Wellington und der Südinsel, im Jahr darauf wurde eine staatliche Schifffahrtslinie gegründet und mit dem Straßenbau begonnen. Ein wichtiges Jahr für die Kronkolonie war 1882, als mit der »Dunedin« das erste Kühlschiff ablegte, um Lammfleisch nach England zu transportieren. Dieser Fleischexport sollte, neben dem Wollhandel, Neuseeland seinen später viel beneideten Wohlstand schaffen.

Seinerzeit sah es danach allerdings kaum aus, rutschte das Land doch in seine »Große Depression« – mit katastrophalen Folgen für die noch instabile Wirtschaft und mit schwerer Not für zahllose Familien. Es sollte fast bis zur Jahrhundertwende dauern, ehe diese Depression völlig überwunden werden konnte. Premierminister Richard John Seddon, allenthalben nur »King Dick« genannt, war einer der Garanten dieser positiven Entwicklung. Seddon initiierte wichtige soziale Neuerungen, wodurch beispielsweise seine Landsleute gegen wirtschaftliche oder gesundheitliche Risiken abgesichert oder Kindern unbemittelter El-

tern eine Schulausbildung ermöglicht wurden. Seddon, politisch ansonsten eher ein konservativer Charakter, konnte sich die progressive Sozialpolitik leisten, da die Woll-, Lamm- und Butterausfuhren für hohe Einnahmen sorgten.
Wie in vielen anderen Nationen hinterließ der Erste Weltkrieg auch in der Geschichte Neuseelands einen tiefen Einschnitt. Das Ein-Millionen-Volk stellte ein Truppenkontingent von knapp 125 000 Mann unter das britische Oberkommando. Von den Schlachtfeldern Europas kehrten mehr als 16 500 Männer nicht zurück. Größtenteils starben sie gemeinsam mit ihren australischen Partnern am 25. April 1915 in einem Gefecht von zweifelhaftem militärischem Sinn an den Dardanellen. Seither ist dieses Datum in beiden Staaten ein Nationalfeiertag. In beiden Ländern war dieses traurige Ereignis auch der Auslöser für Gedanken, wie es denn mit der eigenen Souveränität und einer nationalen Identität bestellt sei.
Im Zweiten Weltkrieg eilten noch einmal fast 200 000 Neuseeländer zu den Fahnen. Während sie unter britischem Kommando in Europa und Nordafrika kämpften, mußten sie ohnmächtig mitansehen, wie im Südpazifik ihre eigene Heimat von japanischen Truppen bedroht wurde. Als die US-Navy mit ihren Kriegsschiffen in die neuseeländischen Häfen einlief, war sie ein willkommener und bejubelter Beschützer.
Diese Erfahrungen gaben nach Kriegsende den Ausschlag für eine Neuorientierung: Weg von London und hin zu Washington. 1952 unterzeichnete Neuseeland gemeinsam mit Australien und den Vereinigten Staaten den ANZUS-Pakt, um der erkennbaren militärischen Schwäche der Briten östlich von Suez entgegenzuwirken. Nachdem Großbritannien der heutigen Europäischen Union beigetreten war, kam auch eine erzwungene wirtschaftliche Positionsänderung hinzu: Neuseeland mußte sich stärker beim australischen Partner oder auf den Inselstaaten der Südsee engagieren. Wichtiger war jedoch noch die Kontaktaufnahme zum ökonomischen Giganten und ehemaligen Kriegsgegner Japan sowie zu den aufstrebenden Nationen Asiens, von Korea bis Indonesien und Singapur. Hier schuf sich Neuseeland neue Märkte für seine Agrarprodukte, nachdem die Europäische Gemeinschaft restriktivere Quoten für neuseeländische Agrarprodukte erlassen hatte.
Das enge Verhältnis zu den »amerikanischen Vettern« ging in die Brüche, als Neuseeland in den achtziger Jahren zusammen mit anderen Südseestaaten eine aktive Anti-Atom-Politik betrieb. Amerikanische Kriegsschiffe sollten demnach nur noch in neuseeländische Gewässer einlaufen, wenn sie keine Atomwaffen an Bord hatten. Da die US-Navy Auskünfte verweigerte, kam es de facto zu einer Sperrung neuseeländischer Häfen für die Flotte und zu einem Bruch des ANZUS-Vertrags. Neuseeland wurde so eine der Basen für politische Gruppen, die gegen Atombomben auftreten, wie beispielsweise Greenpeace.
Diese für ihre spektakulären Aktionen bekannte Naturschutz-Organisation hatte 1987 ein Schiff, die »Rainbow Warrior«, ausgerüstet, um damit während der Explosionsphase der Testbombe in das gesperrte Seegebiet rings um Muroroa einzulaufen. So sollten Atomtests verhindert werden. Verhindert wurde jedoch der Greenpeace-Einsatz, da französische Geheimagenten das Schiff versenkten. Bei diesem Einsatz wurde ein Greenpeace-Mitarbeiter getötet. Der Anschlag führte zu scharfen Auseinandersetzungen zwischen Paris und Wellington. Er zeigte den Neuseeländern aber auch, wie gering die Mittel eines kleinen Landes gegen eine Macht wie Frankreich sind. Daß seit dieser Affäre Neuseelands Ansehen bei den pazifischen Nachbarn spürbar gestiegen ist, blieb immerhin ein Trost.

Mit fast einer Million Einwohnern ist Auckland die größte Stadt von Neuseeland. Das Stadtbild dokumentiert mit seiner postmodernen Hochhausarchitektur den Wirtschaftsboom und die »Internationalisierung« der Handelsmetropole.

ASB
AIR NEW ZEALAND
Southpac

In Auckland konnten international anerkannte Architekten die Vision einer neuen Formensprache in Stahl und Glas verwirklichen. Auf polygonalen Grundrissen entstanden so in den letzten drei Jahrzehnten plastische Bauten, die zumeist im Besitz von Banken sind (oben und rechts). Rechts im Bildhintergrund ist das backsteinrote Ferry Building zu sehen, das nach Plänen von Alex Wiseman in neubarocken Formen erbaut wurde.

DOWNTOWN

Ein Spaziergang durch das Zentrum von Auckland ist gleichzeitig ein Gang durch die Architekturgeschichte. Die englischen Baumeister, die sich an den Gebäuden ihrer Heimatinsel orientierten, wählten auch hier oft historisierende Bauelemente, wie am Beispiel der 1848 in neugotischem Stil erbauten Kathedrale von St. Patrick zu sehen ist.

Das Old Customs House wurde 1889 in Anlehnung an den französischen Empirestil erbaut. Die durch Säulen und Fenster gegliederte Fassade bildet einen reizvollen Kontrast zu den planen Flächen der modernen Glaspaläste. Ursprünglich diente das mondäne Gebäude als Treffpunkt britischer Offiziere, heute wird es als elegantes Einkaufs- und Kulturzentrum genutzt.

Nachfolgende Doppelseite:
»City of Sails« wird Auckland auch oft genannt. Jeder zehnte Neuseeländer soll laut Statistik ein eigenes Boot besitzen, in Auckland gar jeder vierte. Kein Wunder also, wenn viele der internationalen Regatten von Neuseeländern gewonnen werden.

INTRIGUE

3044

Das »Treaty House« an der Bay of Islands, in dem am 6. Februar 1840 der Vertrag von Waitangi von der britischen Krone und einer Reihe von Maori-Häuptlingen unterzeichnet wurde, ist heute eine vielbesuchte nationalhistorische Stätte. Der Vertrag, der die englische Souveränität über Neuseeland besiegelte, wird von Maori-Aktivisten als dringend revisionsbedürftig angesehen.

In der Maori-Sprache bedeutet Rotorua »schlecht riechender Ort«. Der sofort in die Nase steigende penetrante Schwefelgeruch hat die Maoris aber nicht davon abgehalten, sich hier niederzulassen. Auch heute noch werden die Thermalquellen benutzt; die Tudor Towers, ein 1907 eingeweihtes Badehaus, sind der sichtbarste Ausdruck der staatlichen Bemühungen, Rotorua in einen mondänen Kurort zu verwandeln.

THE
BATH-HOUSE
ART & HISTORY MUSEUM

Die Maoris galten früher als kunstfertige Schnitzer ausdrucksvoller Holzskulpturen, die mit Pauamuscheln verziert und mit rotbrauner Farbe angestrichen wurden. In den letzten Jahrzehnten drohte diese Kunst in Vergessenheit zu geraten, bis die Maoris von Rotorua in ihrem Wohndistrikt Whakarewarewa eine Lehrwerkstatt für Handwerker einrichteten. Typisch für die Schnitzarbeiten sind meist überproportional große Köpfe, denn nach dem Maori-Glauben ist das Haupt der Sitz der Seele.

Der Würde und dem Ansehen eines Maori-Häutlings entsprach es, eine reich verzierte Gesichtstätowierung, »moko« genannt, zu tragen. In einigen Gebieten hielt sich dieser Brauch bis weit in dieses Jahrhundert. Heute wird zu Festen eine Nachbildung des »moko« mit Schminkfarbe aufgetragen. Die herausgestreckte Zunge gilt traditionell als Droh- und Spottgebärde.

Inmitten des vulkanischen Gürtels der Nordinsel liegen Stadt und See Rotorua. Berühmt ist dieses Gebiet für die heilende Wirkung seines Thermalwassers. Seit der Jahrhundertwende herrscht hier ein reger Kur- und Badebetrieb, obwohl die mit Schwefeldämpfen angereicherte Luft etwas gewöhnungsbedürftig ist.

Bei Rotorua bubbelt, grummelt und pufft die Erde im »Vulkangarten« von Whakarewarewa. Inmitten der heißen Quellen leben mehrere Maori-Familien, die diese Gabe der Natur zum Kochen, Baden, Wäschewaschen und Heizen benutzen.

Als geologische Attraktion im Gebiet um Rotorua gelten die kaleidoskopartig schimmernden Kieselterrassen (oben) und der Lady Knox Geysir (links). Bei ihm haben die Menschen der Natur allerdings etwas nachgeholfen: Ein künstlich angelegter Felskranz dient als Basis für die Silikatablagerungen, die heute immer mehr in die Höhe wachsen.

In der Kultur der Maoris werden die vulkanischen und thermischen Aktivitäten um Rotorua auf Mythen und Legenden zurückgeführt. Danach war einst einer ihrer Häuptlinge auf den knapp 2000 Meter hohen Tongariro gestiegen und drohte, dort zu erfrieren. Er bat die Götter um Feuer, und sie sandten es ihm auf unterirdischen Wegen, bis es auf dem Gipfel und, auf dem Weg dorthin, an vielen anderen Stellen zutage trat.

James Cook war sehr angetan von der ebenmäßigen Schönheit des 2518 Meter hohen Kegels an der Westküste der Nordinsel, den er nach dem Lord der britischen Admiralität Mount Egmont taufte. Heute hat man ihm seinen alten Maori-Namen wiedergegeben: Mount Taranaki.

Neuseeland ist eine wahre Fundgrube für Naturliebhaber und Botaniker. Hier entdeckt man in einer weitgehend unberührten Natur noch seltene Pflanzen.

Nur noch Reste sind von den einstmals riesigen Kauri-Wäldern übriggeblieben, die es überall im Northland gab, ehe weiße Siedler den Urwald rodeten und Holzfäller auf der Suche nach den mächtigen, bis zu 50 Meter hohen Kauri-Fichten durch die Wälder zogen. Um so wichtiger sind überlebende »Riesen« wie der Tane Mahuta, der »Fürst des Waldes«. Wenn man direkt vor ihm steht, sieht man erst, wie gewaltig und eindrucksvoll dieser Baum ist.

Das milde und regenreiche Klima des subtropischen Nordens läßt im Waipoua Kauri Forest die Wälder nahezu undurchdringlich zusammenwuchern. Als Ende des 18. Jahrhunderts die ersten Europäer die neuseeländischen Inseln erreichten, stießen sie überall auf diese unüberwindbaren Hindernisse, so daß sie nur auf den wenigen vorhandenen Flüssen ins Landesinnere vordringen konnten.

Der tief im Landesinneren von Northland liegende Naturhafen von Hokianga war im 19. Jahrhundert Hauptumschlagplatz für den Handel von Kauri-Holz und -Harz. Für die Maoris hat die Bucht eine besondere Bedeutung: Der polynesische Navigator Kupe, der einer Legende zufolge Neuseeland erkundete, soll an diesem Strand zur Rückfahrt aufgebrochen sein, um seine Landsleute zu holen.

Blick von Ports Hill auf die bergige Banks-Halbinsel. An diesem Punkt unterlief James Cook ein kleiner Fehler bei der Kartographierung Neuseelands: Er trug die Halbinsel als vom Festland getrennt in seine Karte ein.

Mit 400 Golfplätzen für 3,4 Millionen Menschen ist Neuseeland ein Golferparadies. Auf diese Begeisterung baut ein geschickter Geschäftsmann am Lake Taupo: Wer mit einem Schlag den Golfball auf der Insel einlocht, gewinnt 1000 Dollar – bei einem Einsatz von einem Dollar.

Mit mehr als 600 Quadratkilometer Fläche ist der Lake Taupo im Zentrum der Nordinsel der größte See des Landes. Unter Petrijüngern wird er gerühmt wegen der Nachfahren der 1884 ausgesetzten Regenbogenforellen, die hier zu prächtigen Exemplaren heranwachsen. Urlauber ohne Angelambitionen schätzen die Schönheit und Stille dieser Landschaft.

BNZ
WELLINGTON CABLE CAR

Wellington liegt an einem großen Naturhafen der Cook Strait zwischen Nord- und Südinsel. Seit der Ernennung zur Hauptstadt im Jahr 1865 setzte ein regelrechter Bauboom ein (links). Von besonderem Interesse ist das Regierungsviertel. Wurde 1881 das Parlamentsgebäude noch als exakte Nachbildung des Londoner Regierungssitzes errichtet, so brachte 100 Jahre später Basil Spencer die Büros der Parlamentarier in einem futuristischen Rundbau unter, der im Volksmund »beehive«, also Bienenkorb, genannt wird (oben).

In der Nähe des Hafens von Wellington haben sich noch viele reizvolle ältere Häuser viktorianischer Bauart erhalten können. Ihre Bewohner wissen sie zu schätzen, sie zahlen hier die höchsten Mietpreise der Stadt.

Viele neu erbaute Gebäude zeugen vom raschen Wachstum der Hauptstadt Wellington. Das Zentrum des modernen Wellington steht allerdings auf wackeligen Füßen: Am Westrand des Port Nicholson verläuft die Alpine Fault, eine Bruchlinie entlang der beiden Kontinentalplatten des Pazifiks und Australiens, die sich gegeneinander verschieben. Es bleibt zu hoffen, daß die Hochhäuser eventuell auftretenden Erdstößen standhalten werden.

Zwischen Picton auf der Südinsel und Wellington auf der Nordinsel verkehren zwei Autofähren, die in den Hauptreisezeiten stark frequentiert sind. Deshalb empfiehlt es sich, die Überfahrt schon vor Beginn der Reise zu buchen, und zwar vorzugsweise für eine Passage bei Sonnenaufgang oder -untergang.

Nachfolgende Doppelseite: Am türkisfarbenen Lake Tekapo, der von den Tussock Hills eingerahmt wird, liegt die kleine Church of the Good Shepherd, die Kirche des Guten Hirten. Seine Farbe verdankt der See feinstem Gesteinsmehl, das Gletscher und Gebirgsbäche hineinschwemmen.

Die Neuseeländer sind ein kinderliebes Volk: So ist auch im Hafen von Picton ein Spielplatz errichtet worden, um den Kleinen das zum Teil lange Warten auf die Fähren zu versüßen.

Picton hat sich mit seinem hübschen Stadtbild, den nahen Stränden und guten Wassersportmöglichkeiten einen Namen gemacht. Der Besucher sollte sich die Zeit nehmen, durch den großen Jachthafen und an den gepflegten Ufergärten entlang zu bummeln.

Beachcomber
SIGHTSEEING SHOP
DANGER
TAXI

Will man von Picton aus die abgelegenen Fjordgebiete erkunden, so empfiehlt es sich, ein Wassertaxi zu nehmen (oben). Für Notfälle und ganz eilige Reisende kann auch ein Wasserflugzeug gemietet werden (rechts), um in das hügelige Hinterland zu gelangen.

FLOAT AI PICTON

An James Cook erinnern in Neuseeland zahlreiche Denkmäler, so auch in Christchurch. Er gilt als eigentlicher Entdecker des Landes, nachdem Abel Tasman gut 130 Jahre vor ihm 1642 zwar Neuseelands Küste gesichtet, sie aber als Ausbuchtung Südamerikas in seine Landkarte eingetragen hatte.

Eine ganz besondere Möglichkeit, Christchurch zu entdecken, ist die Fahrt mit dem Stechkahn auf dem Avon River. Flußaufwärts kommt man an den Grünanlagen entlang der Oxford Terraces vorbei, wo sich noch immer vor dem Heiligen Abend Tausende zum Singen von Weihnachtsliedern treffen.

Die Kathedrale von Christchurch wurde 1864 nach Plänen von Benjamin Mountford begonnen. Sie gilt als eines der beeindruckendsten Beispiele neugotischer Sakralarchitektur auf den Inseln. Als großes Vorbild diente die französische Kathedrale von Caen.

Benjamin Mountfort entwarf auch die Canterbury Provincial Government Buildings am Cathedral Square in Christchurch, in denen früher die Provinzregierung von Canterbury untergebracht war und die heute das Hauptpostamt beherbergen. Der neugotische Gebäudekomplex zählt zu den Spitzenleistungen kolonialer Architektur in Neuseeland. Den 1859 in Stein errichteten Turm der Government Buildings flankieren elegante Holzgebäude. Zahlreiche Anbauten ließen eine eindrucksvolle Vierflügelanlage entstehen.

AVON
CAMERA HOUSE

STROUD HOUSE
NEW WORLD
MAJESTI
PIZZA
NZI

Daß es der Hafenstadt Nelson stets recht gut ging, zeigt die Pracht der viktorianischen Fassaden entlang der im Schachbrettmuster angelegten Straßenzüge. Wichtiger als die Architektur ist für die Neuseeländer allerdings die historische Tatsache, daß ihr Nationalsport Rugby in Nelson seine erste Heimstatt fand.

Angesichts des Ozonlochs sind auch die Neuseeländer sensibel für Umweltverschmutzung und -schäden geworden. Ein Grund mehr, aufs Fahrrad oder – wer es nostalgisch liebt – auf die Pferdekutsche umzusteigen.

Nachfolgende Doppelseite:
Die landschaftlich reizvolle Banks-Halbinsel besitzt mit Akaroa ein Städtchen voll mediterranem Flair. Hier mußten sich die französischen Siedler zwar den englischen Kolonialherren unterordnen, doch bald entwickelte sich ein friedliches Völkergemisch aus schottischen Walfängern, Maoris, Briten und Franzosen.

PIER CAF
RESTAURAN

Vom Hafen Akaroa aus kann man eine Minikreuzfahrt zu den Grotten, den Pinguinkolonien und den Delphinen der Lucas Bay unternehmen.

Auf der sonnenverwöhnten Südinsel wächst vorzüglicher Wein, der mittlerweile von Experten zu den besten der Welt gezählt wird. Der Besuch einer Weinkellerei ist auf jeden Fall zu empfehlen, sonst bietet sich auch der Einkauf in den zahlreichen Weingeschäften, wie hier in Akaroa, an.

Die teilweise schwer zugänglichen Felsküsten der Otago-Halbinsel im Grenzgebiet der warmen und kalten Meeresströmungen sind Rastplatz zahlreicher Seehunde.

Rund 80 Kilometer nördlich von Dunedin liegen am Strand tonnenschwere Steinkugeln, Moeraki Boulders genannt. Nach Ansicht der Geologen entstanden diese »Riesenmurmeln« vor 60 Millionen Jahren auf dem Meeresgrund, als Kalksalze um einen Kern kristallisierten.

Larnach Castle auf der Otago-Halbinsel gehört zu den berühmtesten Bauwerken Neuseelands. Dieses Schlößchen wurde 1871 im Auftrag des Bankiers William Larnach errichtet. Der Bauherr scheute weder Kosten noch Mühe: Heraus kam dabei ein neugotischer Landsitz mit breiten Veranden im Kolonialstil (links). Im Innern wurden Mahagoni, Zeder, Ebenholz und andere wertvolle Materialien verbaut, die aus der ganzen Welt importiert werden mußten (oben).

Das Otago Early Settlers' Museum in Dunedin bringt dem Besucher anhand von Fotografien, nachgestellten Szenen, Gerätschaften und Kostümen die Geschichte der Besiedlung Otagos nahe. Das Gebäude mit der buntbemalten Fassade stammt aus dem Jahr 1908.

Die Bushaltestellen zwischen Dunedin und der Otago-Halbinsel sind farbenfroh gestaltet; hier verkürzt die Gesellschaft von »Superman« das Warten.

Queenstown ist ein modernes Zentrum für Aktivurlauber, egal ob es sich um Drachenfliegen, Mountain Biking oder Jetboot-Fahren (oben) handelt. Wer es etwas geruhsamer mag, macht eine Dampferfahrt auf dem von Bergen umgebenen Lake Wakatipu (rechts).

FIORDLAND TRAVEL
EARNSLAW

Ein herrliches Panorama erschließt sich dem Besucher von den Bergen (oben), denen Queenstown und der Lake Wakatipu zu Füßen liegen. Für diesen Blick aus der Vogelperspektive fährt man am bequemsten mit der »Skyline Gondola« auf den Bob's Peak. Auf einer Halbinsel befindet sich der Golfplatz der Stadt, im Hintergrund ist die Bergkette der »Remarkables« zu sehen (links).

Nachfolgende Doppelseite:
Der Fox-Gletscher, der seinen Ursprung an den Flanken des 3497 Meter hohen Mount Tasman hat, ist zwölf Kilometer lang und gilt als Weltrekordhalter, weil kein anderer Gletscher in einer ähnlichen klimatischen Zone bis auf 200 Meter Meereshöhe herunterreicht.

Neuseelands höchstes Massiv, der Mount Cook, ragt 3764 Meter hoch (links). Der Berg wurde nach James Cook benannt. Zum Gletscher kann man sich mit einem Helikopter hinauffliegen lassen, inbegriffen ist auch ein Gipfelfoto, das vom Piloten geschossen wird (oben).

Nachfolgende Doppelseite: Der ganzjährig schneebedeckte Gipfel des Mount Cook steht in starkem Kontrast zu dem satten Grün der Weiden und Wälder zu seinen Füßen. Die Maoris nennen ihn seit alters her Aorangi, den Wolkendurchstecher.

Vor allem die Schafzucht hat in der Vergangenheit für den Wohlstand der »Schweiz des Pazifik« gesorgt. In Rainbow Springs erfährt man in einer »Farm Show« alles Wissenswerte über diese Tiere. Es finden Vorführungen statt, die die »sheepdogs« bei der Arbeit zeigen, und natürlich wird auch das Scheren der Schafe demonstriert (oben).

Nachfolgende Doppelseite: Grüne Weiden, auf denen Kühe und Schafe grasen, sind die typische Landschaftsform für beide neuseeländische Inseln. Der Agrarstaat lebt auch heute noch zu einem guten Teil von seinen Fleisch-, Butter-, Käse- und Wollexporten.

Der Lake Matheson unweit der kleinen Gemeinde Foxglacier entstand aus den abschmelzenden Resten des Fox-Gletschers (links). An seinem Ufer, das auf einem Trail in anderthalb Stunden umrundet werden kann, gedeiht aufgrund der hohen Luftfeuchtigkeit eine flechten- und moosreiche Vegetation (oben).

Auffallend im Vergleich zu Europa ist der Artenreichtum der neuseeländischen Pflanzen: In den immergrünen Wäldern lassen Lianen und Aufsitzerpflanzen, üppige Farne und Moose den Eindruck eines tropischen Regenwaldes entstehen.

Nachfolgende Doppelseite: Auf der Haast Pass Road, die südlich der Hauptgletscher über die neuseeländische Alpenkette führt, kommt man durch kaum besiedeltes Gebiet, in dem nur einige Schäfer mit ihren Herden leben.

Wie ein langgestreckter Riegel liegt der Lake Te Anau vor dem größtenteils noch völlig unerschlossenen und unberührten Fiordland National Park. Am See entlang wurde auch die einzige Straße angelegt, die zu diesem Küstenstreifen im Südwesten führt.

Über den Lake Te Anau kann man per Schiff den bekannten Milford Track erreichen, der quer durch den Fiordland National Park an den einsamen Caswell Sound führt und den der Schriftsteller Rudyard Kipling als achtes Weltwunder gepriesen hat.

Auf fetten Weiden können die Kälber auf dem kahlen Sattel des 921 Meter hohen Arthur's Pass nicht gerade grasen. Beiderseits dieser Wasserscheide aber erwartet Mensch und Tier üppig grünes Land. Im Osten liegt eine fruchtbare Ebene, im Westen ein schmaler dschungelartiger Regenwald. Immer hat man beim Überqueren der Alpenkette das Gefühl, in ein völlig anderes Neuseeland zu geraten.

Die Dreikantspitze des Mitre Peak prägt den Milford Sound, dessen Seitenwände bis zu 1200 Meter aufsteigen. Wie eine Miniaturausgabe des Montblanc thront der Berg über dem 15 Kilometer langen Meeresarm.

Die Bowen Falls stürzen am Rand des Milford Sound tosend über 60 Meter in die Tiefe. Sie gehören zum größten Nationalpark Neuseelands, dem Fiordland National Park.

Hokitika wurde nach Goldfunden im Jahr 1864 als Mekka für Goldgräber berühmt. Ein Uhrturm viktorianischen Stils läßt erkennen, daß der Ort in den Hochtagen des britischen Empire zu Wohlstand kam (oben). Heute verläuft das Leben hier eher beschaulich, doch, wie die buntbemalten Autobusse zeigen, keinesfalls langweilig und trist (unten).

Die neubarocke Architektur der St. Mary's Church in Hokitika erinnert daran, daß die Goldfelder einst überwiegend von katholischen Iren bevölkert waren.

Seit Jahrtausenden donnern die Brecher bei Punakaiki an der Westküste auf die Kalksteinfelsen (rechts). Durch die Erosionskraft von Wasser und Wind sind so Gesteinsformationen modelliert worden, die an gestapelte Pfannkuchen erinnern (oben).

Nachfolgende Doppelseite: »Pancake Rocks« nennen die Leute an der Westküste die Felsen, die ein unsichtbares System von Höhlen und Kanälen durchzieht. Bei starkem Seegang werden die Wogen in diese Tunnel gepreßt und schießen dann als donnernde Fontänen auch an vom Ufersaum entfernten Stellen tosend in die Höhe.

NEUSEELAND
NORDINSEL
N
0
50 km
Strand
Sehenswürdigkeit
PAZIFISCHER
OZEAN
AUSTRALIEN
Sydney
NORDINSEL
Auckland
NEUSEELAND
40° s. Br.
Wellington
Christchurch
Tasman-See
TASMANIEN
SÜDINSEL
150° ö. L.
170° ö. L.
0
500 km
Cape Reinga
North Cape
Surville Cliffs
Ninety Mile Beach
Houhora
Whangaroa Bay
Whangaroa
Kaitaia
Bay of Islands
Waitangi
Russell
Paihia
Kaikohe
Hokianga Harbour
Waipoua
Kauri
Forest
Whangarei
Dargaville
Marsden Point
Kaipara Harbour
GREAT BARRIER
ISLAND
Warkworth
Hauraki
Gulf
MERCURY ISLANDS
Helensville
Coromandel
Mercury Bay
Whitianga
Auckland
Manukau Harbour
Firth
of
Thames
Coromandel Range
Pauanui
Thames
Waihi
Tasman-See
Waihou
WHITE ISLAND
Bay of Plenty
Hamilton
Tauranga
Waihau Bay
Te Puke
Matamata
Te Awamutu
Lake
Rotorua
Whakatane
Tikitere
Waikato
Rotorua
Opotiki
Waitomo Caves
Mt. Tarawera
1111
Lake Tarawera
Lake Rotomahana
Raukumara Range
Waiotapu
UREWERA
NATIONAL
PARK
Anaura Beach
Wairakei
Taupo
Huka Falls
Lake Waikareiti
Lake
Taupo
Gisborne
Lake Waikaremoana
New Plymouth
Poverty Bay
Turangi
Mt. Tongariro
1968
Mt. Egmont
(Taranaki)
2517
Mt. Ngauruhoe
2290
TONGARIRO NAT.PARK
Mt. Ruapehu
2796
Hawke Bay
EGMONT
NATIONAL
PARK
Waiouru
Napier
Hastings
RUAHINE
STATE
FOREST
PARK
Cape Kidnappers
Patea
Rangitikei
Ruahine Range
Wanganui
Waipukurau
PAZIFISCHER
OZEAN
Palmerston North
Cape Farewell
Levin
Tararua Range
TARARUA
STATE
FOREST
PARK
Marlborough
Sounds
Tasman
Bay
Masterton
Nelson
Wellington
Lake Wairapapa
Blenheim
Cook Strait

Fahrten durch ein fernes Land

Vielfalt ist eines der wesentlichen Merkmale der neuseeländischen Landschaft. Es gibt lange Strände, gefährliche Klippen, tiefe Fjorde und Schluchten, Berge verschiedenartigsten Entstehens, blau schimmernde Gletscher und weite Ebenen. In den hier dargestellten Routen soll diese Vielfalt wenn schon nicht erschöpfend, so doch in Beispielen vorgestellt werden.

Die Nordinsel

Northland und die Bay of Islands

Für die Pakehas ist es der Anfang, für die Maoris der Endpunkt ihres Landes: **Cape Reinga**, die vermeintliche Nordspitze der Nordinsel. Hier, wo die Wogen von Tasman-See und Pazifik aufeinanderprallen, zeigt ein Wegweiser noch weiter hinaus gen Norden – 3827 Kilometer sind es bis zum Äquator. Ein gut zehn Meter hoher *Leuchtturm*, 1941 auf der 155 Meter aufragenden Klippe errichtet, prägt das Bild des vielbesuchten Cape. Bis zu 50 Kilometer weit strahlt sein starkes Licht ins Meer hinaus und sichert die für Seeleute tückische Landspitze. Geographisch exakt ist sie gar nicht der nördlichste Punkt, als der sie den meisten Besuchern gilt. Dieser Titel gebührt den nahegelegenen und kaum bekannten **Surville Cliffs**, die fast fünf Kilometer nördlicher positioniert und weniger leicht zu erreichen sind.
Reinga ist das Maori-Wort für die Unterwelt. Hier, an einem zerzausten, angeblich schon 800 Jahre alten Pohutukawa-Baum, verlassen die Seelen sterbender Maoris das Land und tauchen ein in den Ozean. Bei den **Three Kings Islands**, die am Horizont zu erkennen sind, steigen sie noch einmal aus den Fluten, um sich von Aotearoa zu verabschieden. Dann streben sie im Meer dem mythischen »Hawaiki« entgegen, dem »Himmelreich«, das die Maoris wie alle Polynesier sich selbstverständlich als eine Insel vorstellten.
Die Three Kings Islands üben aber nicht nur einen spirituellen Reiz auf die Ureinwohner der neuseeländischen Inseln aus. Sie sind auch immer wieder das Ziel von abenteuerlustigen Tauchern aus aller Welt, die hoffen, im Wrack des hier 1902 gesunkenen Dampfers »Elingamite« die wertvolle Goldladung bergen zu können. Zu einem geringen Teil ist das auch bereits gelungen, aber es lohnt sich offenkundig immer noch, Kopf und Kragen für die güldene Fracht zu riskieren.
Cape Reinga ist die Spitze von **Northland**, einer Halbinsel, die sich von Auckland aus für 440 Kilometer gegen Norden erstreckt. Einige der schönsten Urlaubsregionen, aber auch einige der wichtigsten historischen Plätze Neuseelands liegen auf dieser Halbinsel. Sie ist an ihren breitesten Stellen rund 100 Kilometer weit, auf der Dünenkette der letzten 100 Kilometer vor der Nordspitze jedoch so schmal, daß man zeitweilig sowohl die Ostküste mit dem Pazifik als auch die Tasman-See im Westen sehen kann.
Es gibt zwei parallele Wege, um die Spitze zu erreichen: Einmal über die Straße zum Leuchtturm, an der bei Houhora auch das sehenswerte Farmmuseum der deutschstämmigen Wagener-Familie liegt, zum anderen auch über den *Ninety Mile Beach* an der Tasmanküste. Der herrliche Strand mit seinem festen, feinen Sand hat den Vorteil, als vollwertige Straße dienen zu können, allerdings nur bei Ebbe. Deshalb sollte man sich, wenn man im Mietwagen unterwegs ist, seine Route nach dem Tidenplan ausrichten: Eine Strecke am Strand entlang, eine über die Straße.
Aber schon weiter südlich, bei der Ausfahrt aus Auckland, empfiehlt sich solche Routenabwechslung, beispielsweise gen Norden über **Helensville**, den ersten der zahlreichen neuseeländischen Orte mit heißen Thermalquellen, und über Dargaville nach **Waipoua**, eines der Zentren der Kauri-Wirtschaft. Die mächtigen Kauris, die zu den größten Bäumen der Welt zählen, haben einst, wie die Chroniken berichten, das gesamte Northland dominiert. Da die Schiffsbauer im vergangenen Jahrhundert das Kauri-Holz außerordentlich schätzten und gut bezahlten, kämpften sich die Holzfäller durch die damals noch fast undurchdringlichen Wälder, stets auf der Suche nach Kauris. Das war ein höchst profitables Geschäft, bis die 40 bis 50 Meter hohen Kauris nahezu überall abgeholzt waren. In vielen Heimatmuseen des Northlands erinnern noch Ausstellungen an diese Zeit; große, alte Kauris sind jedoch rar geworden. Bei Waipoua sind einige der »Riesen des Waldes« erhalten geblieben, unter anderem der rund 1200 Jahre alte »Fürst des Waldes«, der Tane Mahuta genannt wird.
Bald hinter Waipoua wird die Küstenstraße durch den langgestreckten Hokianga Harbour tief ins Landesinnere gezwungen. Dort liegt **Kaikohe**, ein landwirtschaftliches Zentrum, in dessen Nähe während der Maori-Kriege zwei blutige Schlachten ausgefochten wurden. Dies, aber auch die heißen Quellen mit dem höchsten Mineraliengehalt der Welt, hat die Farmer von Kaikohe den Fremdenverkehr als zusätzliche Ein-

Das Zentrum von Auckland ist in den letzten Jahren durch moderne Hochhäuser »manhattanisiert« worden.

nahmequelle entdecken lassen. So entstand vor einigen Jahren auch ein Museumsdorf, das *Pioneer Village* genannt wird.

Kaitaia, rund 90 Kilometer weiter nördlich gelegen, hat vom Tourismus profitiert, zum einen durch seinen in den neuseeländischen Sprachschatz eingegangenen Slogan vom »Winterless North«, zum anderen durch seine gute Ausgangssituation für Fahrten zum Ninety Mile Beach oder nach Cape Reinga. Hier, in Kaitaia, empfiehlt es sich auch, bei der Rückkehr vom Kap abzubiegen auf die Route entlang der inselgesäumten pazifischen Küste, und einen Stop einzulegen an den Stränden der *Whangaroa-Bucht*, in der die Tiefseeangler eine weit über Neuseeland hinaus bekannte Basis unterhalten. Die Bay war Schauplatz des berüchtigten »Boyd-Massakers«, das 1809 fast die Hoffnung der weißen Neuseeländer auf den raschen Zuzug weiterer Siedler aus England zunichte gemacht hätte. Touristische Bootstouren durch die Bucht überqueren heute den letzten Ankerplatz dieses Schiffes, dessen Name in England ein Symbol für das gefährliche Maori-Land wurde.

Das Zentrum der weißen Besiedlung Neuseelands lag in jenen frühen Jahren nur wenige Kilometer weiter südlich, in der für ihre Schönheit zu Recht gerühmten **Bay of Islands**. Rund 150 Inseln unterschiedlicher Größe liegen in und vor dieser verwinkelten Bucht, die heute eines der beliebtesten Urlaubsziele der wassersportnärrischen Neuseeländer und ein weltberühmtes Revier der Hochseeangler ist. Dank der Einrichtung eines *Bay of Islands Maritime and Historic Park* sind sowohl die Natur als auch die geschichtlichen Stätten rings um die Bucht gut geschützt. Kein Wunder also, daß sich der österreichische Maler Friedensreich Hundertwasser hier ein wucherndes Refugium geschaffen hat.

Das von den Maoris Kororareka genannte **Russell** war die erste Hauptstadt Neuseelands, in einer Epoche, an die heute noch die *Christ Church*, der *Flagstaff Hill* und das *Pompallier House* erinnern. Die 1836 erbaute Christuskirche, der älteste erhaltene Sakralbau Neuseelands, war während des Aufstandes, den der Maorihäuptling Hone Heke 1844 angezettelt hatte, Schauplatz eines Gefechtes. Der Kampf war entbrannt, weil die Krone Zoll verlangte für Schiffe, die in den Hafen von Kororareka einlaufen wollten. Da auch Hone Heke einen Zoll forderte, wurde der Hafen vor allem für die Walfänger zu teuer, viele blieben nun weg. Das führte nicht nur zu Unruhen unter den weißen Wirten und Händlern, die vom wüsten Leben in dem Hafen, dem »Höllenloch des Pazifik« profitierten, sondern auch unter den Maoris. Viermal fällte Hone Heke den Signalmast auf dem Flagstaff Hill, das Zeichen britischer Macht. Beim letzten Angriff überfiel er mit seinen Leuten auch den Ort und plünderte ihn. Die Weißen flüchteten, und das war das Ende Russells als Hauptstadt. Das *Pompallier House*, eine 1841 erbaute Mission und benannt nach dem ersten katholischen Bischof Neuseelands, überstand glücklicherweise die Brandschatzungen ohne allzugroße Schäden. Heute ist es ein Museum und eingerichtet, wie es zu Zeiten des Bischofs üblich war, auch wenn dieser nie in dem Haus gelebt hat. Es wetteifert mit einem kleinen *Captain-Cook-Museum* um die Gunst der Touristen, wenngleich das Zentrum des Fremdenverkehrstrubels jenseits der Bucht in Paihia liegt.

Von **Paihia** ist es, vorbei an einem *Wrackfunde-Museum* in einem alten Segelschiff, nur eine kurze Wegstrecke nach **Waitangi**, der »Wiege Neuseelands«. Im Garten des 1833 errichteten Hauses des ersten britischen »Residenten« unterzeichneten am 6. Februar 1840 die versammelten 46 Maori-Häuptlinge den »Vertrag von Waitangi«, der die britische Souveränität über Neuseeland besiegelte. 1932 wurde es vom seinerzeitigen Generalgouverneur erworben. Heute trägt es den Namen *Treaty House* und ist eine nationale Gedenkstätte. Im weitläufigen Park rings um das Haus steht in einem *Kanuhaus* ein gut 35 Meter langes *Maori-Kanu*. Wenige Schritte weiter haben verschiedene Maori-Stämme ihre Schnitzereien in einem traditionellen *Versammlungshaus* angebracht – Zeichen einer Zeit, da der Vertrag bei den Maoris noch weniger umstritten war als heute.

Whangarei liegt etwa 60 Kilometer südlich der Bay of Islands, eine stattliche Strecke für eine Kanuflotte. Als einst der oberste Häuptling von Whangarei, Manaia, den ihm untergebenen Häuptling von Marsden Point, Hautatu, zu einem Kriegszug in die Bay of Islands sandte, wußte er, daß es eine Weile dauern würde, bis Hautatu wieder in seinem Lager auf der anderen Seite der Bucht von Whangarei zurück sein würde. Das war seine Absicht, denn Manaia wollte Hautatus schöne Frau, Pito, rauben. Er ließ einen Steg aus Kanus über die Einfahrt zur Bucht bauen, überfiel das Dorf und entführte die Häuptlingsfrau. Als der siegreich heimkehrende Hautatu von der Untat erfuhr, ließ er seine Krieger gleich weiterrudern. Der Entführer, seine zwei Kinder und Pito flohen in die Berge, verfolgt von Hautatu. Als der

gerade Pito niederschlagen wollte, erschlug – laut Sage – ein Blitz die vier Flüchtigen samt ihrem Verfolger und versteinerte sie: Fünf felsige Zakken auf der Spitze des Mount Manaia oberhalb von Whangarei.
Ein böses Ende, nicht aber für Whangarei, das zur Hauptstadt der Northland-Region heranwuchs, und auch nicht für *Marsden Point*, das heute mit einem Kraftwerk und einer Raffinerie zwar nicht ganz in die Schönheit der pazifischen Küstenlinie paßt, aber für die Versorgung der wirtschaftlichen Hauptstadt Neuseelands, Auckland, unabdingbar geworden ist.

Jenseits des Zentrums gibt sich Auckland ländlicher und hat eher das Flair einer kleineren Stadt.

Auckland

Auckland sei die »für Neuseeland repräsentative Stadt«, notierte der Schriftsteller Anthony Trollope bereits 1873: »Dunedin ist eine schottische Stadt, Christchurch eine englische, hierher verpflanzt. Und Wellington ist ein Platz, der für das Parlament ausgesucht wurde – aber Auckland, das ist der Duft Neuseelands.« Ob der reisefreudige Brite Auckland auch heute noch unter Zuhilfenahme seines Geruchssinns preisen würde, mag bezweifelt werden. Die bei weitem größte Stadt des Landes ist nicht nur das kommerzielle Zentrum Neuseelands, sondern auch sein wichtigster Verkehrsknotenpunkt, eine Eigenschaft, die selten mit Wohlgerüchen verbunden ist. Allerdings leidet die Wirtschaftsmetropole nicht sehr an Industrie- und Abgasmief, dafür sorgt schon die Lage auf einer schmalen Landbrücke zwischen der Tasman-See und dem Pazifik, ein Garant für regelmäßige und frische Luftzufuhr.
Diese nicht nur klimatisch prädestinierte Lage an der Wespentaille der neuseeländischen Nordinsel hatten die Maoris schon lange vor dem Eintreffen der ersten weißen Siedler erkannt und dort befestigte Dörfer errichtet. Die strategischen Voraussetzungen waren gut: Etwa 60 Kegelberge erloschener Vulkane boten sich mit ihren Hügelspitzen als leicht zu verteidigende Siedlungsstätten an. Reste solcher »Pa« genannten befestigten Dörfer kann man noch heute auf einigen der Vulkanhügel erkennen. Die Kuppen sind trotz der Konkurrenz der Wolkenkratzer im Stadtzentrum bis heute geeignet, um Auckland und seine engere Umgebung zu überblicken: Beispielsweise der 196 Meter hohe *Mount Eden* oder der nur geringfügig niedrigere *One Tree Hill.* Noch großartiger ist naturgemäß die Aussicht von dem 328 Meter hohen Restaurantturm des *Harrah's Sky City Casino,* einem 1997 eröffneten Spielcasino.

Vielerorts zu finden: Erinnerungen an James Cook.

Nicht ganz so weitreichend und beeindruckend ist der Rundblick von jenem Hügel in der rund 75 Hektar großen Parklandschaft der *Auckland Domain,* auf dem das *War Memorial Museum* seinen Platz fand. An den Mauern des wuchtigen Bauwerks erinnern Tafeln an die Kriege, in denen Neuseeländer gekämpft haben, ein Thema, das im Inneren des Gebäudes wieder aufgenommen wird. Seine Bedeutung besitzt das Gebäude aber durch seine vorzügliche Maori- und Polynesien-Sammlung, neben der des Bishop-Museum in Honolulu weltweit die beste Kollektion zu den Kulturen des Südpazifiks. Ein 25 Meter langes *Kriegskanu* und ein mit Schnitzarbeiten reich verziertes *Maori-Versammlungshaus* sind die Prunkstücke der Sammlung. Das große Museum zeigt aber auch Dokumente zur Geschichte des Landes und der Stadt; letzteres ist ihm mit der Nachbildung einer typischen Straßenszene aus dem Auckland des vergangenen Jahrhunderts besonders gut gelungen.
Das War Memorial Museum ist das Juwel unter den Auckländer Museen. Aber auch die *City Arts Gallery,* als die beste Kollektion zeitgenössischer neuseeländischer Kunst gerühmt, und die *Auckland Central Public Library* mit ihrer klassischen Handschriftensammlung und ihren Erinnerungsstücken an James Cook und Joseph Banks sind empfehlenswert.
Sehenswert sind auch zwei Spezialausstellungen, das *Museum of Transport and Technology* und das *Maritime Museum.* Die technische Schau kann mit einer Spezialität aufwarten: Mit zwei Flugzeugen, die der etwas exzentrische Farmer Richard Pearse schon zu Anfang dieses Jahrhunderts konstruierte. Sein erster Aeroplan flog bereits 1903, wenige Wochen nach den Erstflügen der Brüder Wright. Das Maritime Museum, auf einem einstigen Pier im Hafen beim Stadtzentrum gelegen,

Auf der Nord- und Südinsel Neuseelands sind Schafweiden ein bestimmender landschaftlicher Eindruck.

Dauert nur wenige Minuten: das Schafscheren.

zeigt die Seefahrtsgeschichte der Inselnation – bis zur Verteidigung der Segeltrophäe »America's Cup« im Jahr 2000. Das Museum bietet auch das richtige Seefahrtserlebnis: Zweimal täglich kann man auf der »Ted Ashby« Törns durch den östlichen der beiden Häfen Aucklands unternehmen. Die Mehrzahl der historischen Sehenswürdigkeiten in Auckland hat einen kirchlichen Hintergrund, da vornehmlich die Kirche für dauerhafte und architektonisch anspruchsvolle Bauten sorgte. Dieses Verdienst gebührt insbesondere dem Missionsbischof George Augustus Selwyn, nach dessen Wünschen eine Reihe der frühen Kirchen gebaut wurde.

Auch die 1857 eingeweihte *St. Stephen's Chapel* im Stadtteil Parnell ist solch eine »Selwyn«-Kirche; in ihr wurde im selben Jahr die »Church of the Province of New Zealand« als eine Schwesterkirche der Church of England gegründet. Die anglikanische Kirche war im vergangenen Jahrhundert in Neuseeland eine einflußreiche Organisation; davon zeugen in Parnell auch der *Selwyn Court* von 1863 und die beiden *Kathedralen* in seiner Nachbarschaft.

Im selben Jahr wie der Selwyn Court entstand das *Ewelme Cottage*, das von einem Priester errichtet und von dessen Familie dann mehr als 100 Jahre bewohnt wurde. Heute ist es mitsamt seiner ursprünglichen Möblierung zu besichtigen.

Auckland ist dank seines internationalen Flughafens inzwischen ein Touristenziel ersten Ranges. Dieser Tatsache ist es auch zuzuschreiben, daß die Wirtschaftsmetropole mittlerweile für touristische Investoren interessant geworden ist und einige neuartige Attraktionen vorweisen kann. Zu ihnen zählt das von Kelly Tarlton gegründete *Aquarium*, in dem man auf einem Laufband und unter einem Kunstglastunnel gemächlich durch die Unterwasserwelt gleitet, während Haie, Rochen und farbenfrohe Tropenfische an einem vorbei- und über einen hinwegschweben.

Speziell auf jüngere und technisch interessierte Besucher hofft die von elektronischen Finessen geprägte *Microworld*, in der Computer-High-Tech sehr kleine, mit dem Auge oft kaum mehr wahrnehmbare Vorgänge in der Natur nachvollzieht und mühelos erkennbar macht. Diese »kleine Welt« liegt am *Victoria Park*, eine der vielen Grünanlagen, die sich wie ein Schmuckcollier um das Geschäftszentrum der über 800 000 Einwohner zählenden Metropole schmiegen.

Herzstück der City ist die mehrere Kilometer lange *Queen Street*, die am Fährterminal des Waitemata-Hafens als eine Hochhausschlucht mit noblen Ladenfronten beginnt, bergauf jedoch allmählich an Glanz verliert. Die nicht zuletzt dank asiatischer Investoren kräftig steigenden Grundstückspreise werden wohl auch bald die Upper Queen Street »veredeln«.

Daß Auckland international Charakter gewonnen hat, wird nicht nur an eleganten Einkaufszentren wie dem *Parnell Village* und dem umgebauten historischen *Zollhaus* an der Quay Street oder in Luxushotels wie dem »Sheraton« oder dem feinen »Stamford Plaza« spürbar. Noch deutlicher wird es abends und an Wochenenden. Selbst in den achtziger Jahren war Auckland nach Feierabend und ab Freitag noch so, wie heute kleinere neuseeländische Städte sind: ziemlich ausgestorben. So entstand der Spott des Wochenendtouristen: »Ich war da, aber alle waren weg.« Doch Auckland hat sich sehr gebessert: Samstags haben die meisten Geschäfte zumindest vormittags geöffnet, und auch sonntags ist man nicht mehr nur auf Hotelrestaurants und Würstchenbuden angewiesen. Und an den meist milden Abenden findet man mittlerweile Straßencafés, in denen man ein Pint of »Steinlager«-Bier oder ein Glas des guten neuseeländischen Weins serviert bekommt! Doch nicht nur das Angebot an Restaurants mit internationaler Küche, das auch eine Reihe junger einheimischer Köche glücklicherweise beflügelt hat, macht die Abende in Auckland abwechslungsreicher. Auch die Theater- und Kleinkunstszene der Stadt hat sich im Schatten des klassischen *Mercury Theatre* erfreulich entwickelt.

Die Mehrzahl der Einheimischen strebt allerdings nach Büroschluß weiterhin in ihre Vorstädte, die sich schier endlos über die Hügel hinwegziehen – Einfamilienhaus an Einfamilienhaus. Diese raumverzehrende Siedlungsform – Auckland ist flächenmäßig mehr als doppelt so groß wie Berlin – erzwang den Bau der gut einen Kilometer langen und 43 Meter hohen *Harbour Bridge*, mit der 1959 die Stadtteile im Norden erschlossen werden konnten. Bereits zehn Jahre später genügte die sechsspurige Brücke dem starken Verkehr nicht mehr, japanische Konstrukteure wurden herbeigerufen, um an beiden Seiten je eine Fahrbahn »anzuhängen«. Leider blieb dabei kein Platz mehr für einen Fußgängersteg, obschon sich von der Brücke ein schöner Blick auf den Waitemata-Hafen öffnet. Hier wird deutlich, weshalb die Stadt sich als »»City of the Sails« preist: Dicht an dicht ziehen die Segelboote und Motorschiffchen ihre Spuren durch die große Bucht, scheinbar stets auf Konfrontationskurs mit den Ausflugsdampfern und den Fähren, die zu den Inseln Waiheke und Rangitoto stampfen.

Rangitoto gebührt der Ruhm, der letzte aktive Vulkan Aucklands zu sein, allerdings ist es auch schon mindestens 750 Jahre her, daß der 260 Meter hohe Berg zum letzten Mal glühende Lava und heiße Asche versprühte. Die beiden Eilande zählen zu jenen mehr als 40 Inseln, die im **Hauraki Gulf Maritime Park** zusammengefaßt sind. Einige dieser Inseln sind Tier- oder Pflanzenreservate und dürfen nur mit Genehmigung der Parkverwaltung betreten werden.

Der Golf und die Waitemata-Bucht an der Pazifikseite sind bei Aucklands Freizeitkapitänen weitaus beliebter als die nur eine Handvoll Kilometer entfernte und weitaus größere **Manukau-Bucht**, der Naturhafen an der Tasman-See. Warum das so ist, weiß kein Auckländer überzeugend zu belegen. Die Segler erzählen von tückischen Wind- und Strömungsverhältnissen (was Meteorologen nicht bestätigen können) und vom störenden Verkehr der großen Frachtschiffe (die auch in den Waitemata-Hafen einlaufen), Picknick- und Badegäste zeigen auf mancherlei Industrieanlagen (die auch im anderen Hafen zu finden sind) und auf die Störungen durch startende und landende Jets, da die Pisten des internationalen Flughafens Mangere in die Bucht hinausragen.

Ein weiterer, im Zunehmen begriffener Aspekt der neuseeländischen Landwirtschaft: die Rinderzucht.

Die Coromandel-Halbinsel

Seit mehr als 100 Jahren verrotten die Maschinen und Werkzeuge im Busch. Von den Hütten der Prospektoren und den hastig hochgezimmerten Bauten der Minen sind bestenfalls noch Ruinen geblieben. Der »Goldrausch« auf der **Coromandel-Halbinsel** war heftig, aber kurzlebig. Längst liegt wieder bukolische Ruhe über der langgestreckten, busch- und waldbewachsenen und deshalb schwer zugänglichen Bergkette, die zwischen Hauraki-Golf und Bay of Plenty mit einer pittoresken Kette von schroffen Felsen und feinsandigen Badestränden nordwärts in die See ragt. Ihren Namen verdankt die Halbinsel der »Coromandel«, einem Schiff der britischen Marine, das 1820 dort vor Anker ging. Auch der Hafen und die später etwa fünf Kilometer weiter entfernt entstandene kleine Stadt übernahmen ebenso diesen Namen wie der 73 000 Hektar große, von Wanderpfaden durchzogene *Forest Park* und die Gebirgskette in der Mitte der Halbinsel. Mehrere der Gipfel sind über 800 Meter hoch, der *Te Aroha* bringt es sogar auf 953 Meter. Das Städtchen **Coromandel** und seine Umgebung sind heute ein beliebtes Wohngebiet für Schreiner, Töpfer und andere Handwerker, die einen alternativen Lebensstil abseits der Großstadt pflegen wollen. Die von See her leicht erreichbare Halbinsel war, ähnlich wie die Regionen nördlich von Auckland, schon frühzeitig das Ziel von Holzfällern, die vor allem die gewinnbringenden Kauri-Bäume suchten. Nach deren Berichten hatte man schon bald Gold vermutet, allerdings nie gefunden. Die Regierung kannte die wirtschaftlich stimulierende Kraft von Goldfunden, deshalb setzte sie nach dem Vorbild der Regierung von Victoria in Australien einen Preis von 500 Pfund für das erste in Neuseeland entdeckte Gold aus. Programmgemäß brach dann auch 1852 ein Goldfieber aus, als ein gewisser Charles Ring ein Säckchen Goldes präsentierte und die ausgeschriebene Prämie für sich reklamierte. Doch das Glück war nicht von langer Dauer. Nach gut drei Monaten hatten die hoffnungsvoll angereisten Goldsucher die magere Erzader erschöpft. Sie hatten Edelmetall im Wert von etwa 1500 Pfund ausgebuddelt und ausgewaschen, doch dann war alles vorüber. Besser sah es schon aus in **Thames**, einer kleinen Stadt am Fuß der Halbinsel. Das hier gefundene Gold konnte zwar wegen der

Kriege mit den Maoris erst ein Jahrzehnt später geborgen werden, aber dann wuchs das verschlafene Nest binnen weniger Wochen zu einer Stadt mit 20 000 Einwohnern. Aus jener Epoche stammen auch die *viktorianischen Bauten*, die das trotz seiner Industriefirmen beschauliche Städtchen prägen. Man konnte sich seinerzeit einiges leisten, schließlich räumten die Minenarbeiter Gold für rund eine Million Pfund aus der Erde. Aber in den zwanziger Jahren war es auch dort vorbei mit der Herrlichkeit. Heute zeugen fast nur noch das *Mineralienmuseum* und eine gelegentlich von Hobbygoldsuchern betriebene *Erzmühle* von jener vergangenen glanzvollen Zeit. Thames verdankt seinen Namen dem Fluß, der

Eingang zu den Waitomo Caves.

hier in die Bay mündet und den James Cook nach dem durch London fließenden Strom benannte; heute heißt er Waihau River.
In den Geschäften von Thames findet man noch jetzt Goldsucherausrüstungen, von der schlichten Wäscherpfanne bis zum elektronischen Suchgerät. Spielzeug für Touristen, wie man es rund um den Globus bei aufgelassenen Goldfeldern findet? Nicht nur. Es ist allgemein bekannt, daß im Erdreich der Halbinsel immer noch reichlich Gold und andere Edelmetalle lagern. Es gibt auch durchaus Unternehmen, die sich um Schürfrechte bewerben. Bei Waihi, südlich der eigentlichen Halbinsel, arbeitet wieder ein Gold-Bergwerk, die rund 100 Jahre alte *Martha Mine*. Pläne für weitere Minen stoßen auf den heftigen Widerstand der Coromandel-Bewohner. Sie fürchten um die Ruhe und die Schönheit ihrer Landschaft, die sie ohnehin schon durch die Touristenströme bedroht sehen. Diese gut erreichbare Abgeschiedenheit war auch der Grund, bei **Pauanui** an der Pazifikküste die *Puka Park Lodge* aufzubauen, eine harmonisch in die Landschaft eingepaßte Urlauberanlage, die sogar vor Jahren einmal mit dem Preis für das beste Ferienhotel Neuseelands ausgezeichnet wurde.
Von Pauanui wäre es, wenn nicht ein langgezogener Mündungsfjord zu umfahren wäre, nur eine kurze Wegstrecke nordwärts zum **Hot Water Beach**, wo man sich bei Ebbe eigene Pools aus dem Sand schaufeln kann, die sich mit warmem Wasser füllen, oder nach **Hahei**, dessen Strand dank zahlloser, vom Meer fein zermahlener Muschelschalen rosafarben schimmert.
Zur **Mercury Bay**, wo Captain Cook 1769 mit seinem astronomischen Besteck den Stand des Planeten Merkur vermaß, ist es nur eine kurze Wegstrecke. Dort, unweit des heutigen Ferienstädtchens **Whitianga**, nahm Cook damals auch Neuseeland für König George III. in Besitz. Am 15. November wurde erstmals die britische Flagge, der Union Jack, über Neuseeland aufgezogen. Ein Denkmal auf den *Shakespeare-Klippen* an der *Cook Beach* erinnert heute an diesen historisch bedeutsamen Moment.

Waikato und die Waitomo-Höhlen

Seit Cooks ersten Landgängen hatten sich die europäischen Forscher und Siedler stets an der Küste Neuseelands niedergelassen, weil das von dichtem Unterholz überwucherte Inland kaum zu durchdringen war. Ausnahmen machten lediglich die wenigen schiffbaren Flüsse, die Vorstöße ins Landesinnere erlaubten. Auf diese Weise stießen die Engländer auch auf dem Waikato River vor, dem längsten Fluß des Landes, in eines der landwirtschaftlich fruchtbarsten Gebiete der Erde: die **Waikato-Ebenen**.
Die südlich von Auckland und Coromandel gelegene Region wird geprägt von **Hamilton**, der mit rund 120 000 Bürgern größten Inlandsgemeinde Neuseelands. Die Universitätsstadt ist heute ein Zentrum der Agrarwissenschaften; sie beherbergt unter anderem drei landwirtschaftliche Forschungsinstitute, die größte Trockenmilchfabrik der Welt und eine der in Neuseeland und Australien so beliebten Agrarschauen, hier *Farmworld* genannt. Das *Clydesdale Agricultural Museum* ergänzt dieses reiche Angebot mit einer umfangreichen landwirtschaftlich-historischen Ausstellung, die die volkswirtschaftliche Bedeutung der Farmbetriebe für Neuseeland deutlich macht. Das *Waikato Museum of Art and History* hat sich hingegen auf die Kunst der Maoris spezialisiert, es verweist damit indirekt auch auf die blutige Geschichte der Stadt und ihrer Region: Das gute und deshalb so begehrte Land war mehrfach Schauplatz von Schlachten zwischen einzelnen Maori-Stämmen. Als Mitte des vergangenen Jahrhunderts die weißen Siedler die Maoris um ihr angestammtes Land betrügen wollten, entflammte ein Krieg, der unter dem Namen »Waikato Campaign« in die neuseeländische Geschichte einging und für den die Regierung nach den ersten Erfolgen der Maori-Krieger eigens Truppen-

Imposant: Die Geysire im Waiotapu-Gebiet.

kontingente aus Australien herbeischaffen ließ. Dank ihrer überlegenen Waffentechnik konnten die Weißen die Maoris schließlich besiegen und das umstrittene Land in Beschlag nehmen – ein Rechtsakt, der nunmehr von Maori-Aktivisten als widerrechtlich bezeichnet wird. Das Tal des Waikato und seine Umgebung sind aber nicht nur wegen dieser verlustreichen Kämpfe von besonderer Bedeutung für die Maoris. Die Region ist auch das historische Gründungsland ihrer Königsdynastie: Nach mehrjährigen Vorbereitungen schlossen sich hier 1858 mehrere Maori-Stämme zusammen und wählten Potatau I., einen Häuptling der Waikato-Maoris, zu ihrem König. Dessen Aufgabe war es unter anderem, Maoriland mit einem »tapu« zu belegen, um einen weiteren Ausverkauf des Landes an die weißen Siedler zu verhindern. Ansonsten hatte

der König keine Befehlsgewalt, die dem »Maori King Movement« angeschlossenen Stämme behielten ihre angestammten Rechte. Auch die britische Krone blieb weiterhin ebenso anerkannt wie die weiße Regierung Neuseelands. Der König verkörperte jedoch eine gewisse zeremonielle und spirituelle Autorität – eine Tradition, die sich bis heute gehalten hat.
Ansonsten sind die Maori-Traditionen für diesen Landesteil jedoch weniger stark prägend als die landwirtschaftlichen Charakteristika. Die Veranstaltungen der Farmer und ihre Musteranlagen ziehen vornehmlich Besucher aus dem eigenen Land an, seien es die *Rosengärten* von **Te Awamutu** (jeweils im November Schauplatz eines Rosen-

Um Rotorua brodelt und blubbert die Erde.

festes), die *Vollblutgestüte* von **Matamata**, die *Zitrusplantagen* von **Tauranga** oder die *Kiwifruchtgärten* von **Te Puke**. Die beiden letztgenannten Orte liegen nicht mehr im Landesinneren, sondern bereits an der Bay of Plenty. Captain Cook hatte den weitgeschwungenen Küstenabschnitt »Bucht des Überflusses« genannt, weil er dort auf Maori-Dörfer traf, die überreich mit Lebensmitteln versorgt waren, und er somit hier den Proviant seiner Schiffe kräftig aufbessern konnte. Te Puke nennt sich gerne »Kiwi Capital of the World«, weil dort der Anbau der chinesischen Stachelbeere besonders verbreitet ist.
Touristen aus Übersee verirren sich trotz dieser eifrigen Werbung für die grünen Früchte mit der dunkelbraunen Außenhaut kaum einmal an die Bay of Plenty. Selten lassen sie hingegen Waitomo aus, einen winzigen Flecken unweit der Westküste. Zahllose, größtenteils noch nicht erforschte Gänge und Höhlen durchziehen hier kilometerlang das poröse Kalksteingebirge.
Nur drei dieser Höhlensysteme sind öffentlich zugänglich, aber eine von ihnen zieht alljährlich Hunderttausende von Besuchern aus aller Welt an: Die berühmte, erst im Jahr 1887 entdeckte *Glühwürmchen-Höhle*.
Offiziell ist ihr Name Waitomo Cave, weil hier der Waitomo-Fluß im Gebirge verschwindet. Auf Booten können die Besucher ihm eine kurze Wegstrecke in den Felsen hinein folgen. An einer Schnur, die durch das unterirdische Reich gespannt ist, zieht der Bootsführer den Nachen geräuschlos in die Dunkelheit, bis er hinter einer Felsbiegung in die Glühwürmchengrotte gleitet: Wie an einem überladenen Firmament blinken und glänzen hier urplötzlich Myriaden von Glühwürmchen an der Decke der Höhle – ein großartiges Schauspiel, auch wenn die vermeintlichen »Würmchen« in Wirklichkeit nur kleine leuchtende Mückenlarven sind.

Rotorua

In Auckland glaubte Anthony Trollope den Duft Neuseelands zu erschnuppern. Was hätte er nur in **Rotorua** gesagt, wo ein für einige Winkel Neuseelands nicht minder typischer Geruch in der Luft liegt? Die rund 50 000 Einwohner zählende Stadt ist immer umhüllt von einem leichten Schwefelhauch, zwar wahrnehmbar, aber nicht sonderlich störend, wie die etwa 500 000 Touristen zeigen, die alljährlich nach Rotorua reisen. Sie kommen sogar wegen der Quellen, die diesen »Duft« verursachen, warme *Heilquellen*, die schon bei den Maoris für ihre lindernde Wirkung bei arthritischen Leiden oder Hautkrankheiten bekannt waren.
Die planmäßige Nutzung dieser natürlichen Schätze ist jedoch jüngeren Datums. Erst 1907 eröffnete die Regierung ein Badehaus nach dem Vorbild europäischer Kuranlagen.
Diese im elisabethanischen Stil errichteten *Tudor Towers* gehören seither zu den beliebtesten Postkartenmotiven Neuseelands. Eine der bekanntesten Badeanlagen sind die *Polynesian Pools*, drei Quellen mit unterschiedlichen Heilanzeigen. Viele Gäste benutzen diese Quellen aber nicht aus medizinischen Gründen, sie wollen nur genüßlich in den warmen Fluten planschen. Mittlerweile gibt es in Rotorua unzählige Hotels und Motels, die sich außerhalb der Hochsaison heftige Preiskämpfe liefern und fast alle eigene heiße Pools haben. Das Innere der Nordinsel ist zwar besonders reich gesegnet mit geothermischen Feldern, aber Thermalquellen findet man in nahezu allen Teilen Neuseelands. Die Lage am Rande einer großen tektonischen Zone bedingt allenthalben vulkanische Aktivitäten: Neuseeland ist, wie viele Länder rings um den Pazifik, erdgeschichtlich noch nicht zur Ruhe gekommen. In diesem Jahrhundert sind allerdings noch keine großen Vulkanausbrüche verzeichnet worden, die schwerste Eruption in den rund 200 Jahren europäischer Besiedlung erlebte Neuseeland am 10. Juni 1886, als der Mount Tarawera unweit von Rotorua explodierte. Vulkanische Erschei-

Schlammtümpel im Thermalgebiet von Rotorua.

nungen von bescheidener Dimension sind jedoch überall in und bei Rotorua zu beobachten, eine Attraktion, die noch mehr Besucher anzieht als die Heilquellen.
An mehreren Stellen im Stadtgebiet und in seiner Umgebung zischen warme Wasserdämpfe aus dem Erdreich oder blubbern kochendheiße Schlammlöcher. Hauptsächlich vier Thermalgebiete kennzeichnen die vulkanische Landschaft von Rotorua: **Tikitere**, **Waiotapu**, **Waimangu** und – unmittelbar am Stadtrand gelegen – **Whakarewarewa**. Dieser vielbesuchte »Vulkangarten« gehört den Maoris, die hier nicht nur in einer Werkstatt ihrem Nachwuchs überlieferte Schnitz- und andere Handwerkstraditionen beibringen und Souvenirs anbieten, sondern auch mitten in dem dampfenden Areal ihre Häuser haben. Besucher können somit gut beobachten, wie

die Maoris die natürlichen heißen Becken vor ihrer Haustür entweder zum Kochen, zum Waschen oder zum Baden nutzen. Die Maoris, die in diesem Reservat auch ein *Pa*, ein befestigtes Dorf aus voreuropäischer Zeit, originalgetreu nachgebaut haben, bieten sich überdies als sachkundige Führer durch ihr brodelndes, aber mit Stegen gut gesichertes Wohnquartier an. Mit besonderem Vergnügen erzählen sie angesichts des *brainpots*, eines besonders wohlgeformten heißen Naturbeckens, daß ihre Vorfahren hier die Häupter erschlagener Feinde gesotten hätten. Der wahre Stolz von Whakarewarewa ist jedoch ein *Geysir*, der gut 20 Meter hochschießende »Pohutu«.

Das Touristenzentrum Taupo bietet sich als Ausgangspunkt zum Wandern, Kanufahren und Angeln an.

Daß Whakarewarewa heute bei den Touristen das größte Interesse findet, verdankt es dem *Mount Tarawera* und dessen erwähntem Ausbruch von 1886. Vor diesem Zeitpunkt war **Waimangu**, das Vulkangebiet zu seinen Füßen, bereits eine internationale Touristenattraktion vor allem wegen der *Pink and White Terraces*. Diese farbigen Sinterterrassen zogen schon im vergangenen Jahrhundert Besucher sogar aus Europa und Amerika an. Das Naturschauspiel wurde bei der Eruption des Mount Tarawera völlig zerstört. Das Touristengeschäft verlagerte sich daraufhin aus dem verwüsteten Gebiet nach Rotorua. Dennoch lohnt sich aber ein Gang durch Waimangu, vor allem, wenn man ihn mit zwei Bootsfahrten über die Seen *Rotomahana* und *Tarawera* zu dem vom Vulkan verschütteten Dorf **Te Wairoa** verbindet. Im Waimangu-Tal passiert man unter anderem einen vier Hektar großen *Heißwassersee*, der 1917 bei einem vulkanischen Ausbruch entstand.

Das Maoridorf Te Wairoa, einst Ausgangspunkt für Touren zu den Pink and White Terraces, war 1886 nach dem Ausbruch des Tarawera unter einer mehr als zwei Meter hohen Schicht aus Asche und Vulkanschlamm vergraben. Heute ist es teilweise freigelegt, ein Museum zeigt unter anderem Fotos des Dorfes vor seiner Zerstörung.

Ein noch bewohntes Maoridorf, **Ohinemutu** am Rand des Rotorua-Sees, ist eine weitere der zahlreichen Attraktionen in Neuseelands bedeutendster Touristenregion. Rotorua entstand um diese sehr viel ältere Siedlung herum, die auch zahlreiche geothermische Aktivitäten zum Heizen, Waschen und Kochen nutzt.

Das meistfotografierte Gebäude des Dorfes ist das mehr als 100 Jahre alte, mit Schnitzereien reich verzierte *Gemeinschaftshaus der Maoris*. In auffälligem Kontrast dazu steht die ganz im britischen Stil gehaltene *Kirche St. Faith's*. Eine Seitenkapelle des anglikanischen Gotteshauses zeigt Christus in der traditionellen Tracht eines Maori-Häuptlings; da diese Darstellung in eine große Fensterscheibe eingefräst ist, scheint der Herr auf der Oberfläche des Rotorua-Sees zu wandeln – besonders, wenn leichte Nebelwolken oder Dampfschwaden aus den heißen vulkanischen Quellen über dem Wasser wabern.

Lake Taupo und die Nationalparks

Wer von Rotorua auf der Nationalstraße 5 nach Süden fährt, passiert mehrfach Schilder, die ihn beiderseits des Weges auf *Thermal Districts* hinweisen. Kurz vor **Taupo** jedoch weckt ein anderes die Aufmerksamkeit, es verweist nicht nur auf einen sehenswerten *Vulkanpark* voll attraktiver Geysire, sondern auch auf die geothermischen *Kraftwerke* bei **Wairakei und Ohaaki**. Die zwei Vulkankraftwerke setzen seit 1959 und 1989 den heißen Dampf aus dem Erdinneren in elektrische Kraft um und unterscheiden sich so von den vielen Wasserkraftwerken, die in der Nähe von den Fluten des Waikato Rivers gespeist werden. Ganz in der Nähe rauscht der Waikato an den spektakulären *Huka Falls* über 230 Meter in einem 15 Meter schmalen Felskanal zu Tal – eine vielbesuchte Szenerie und deshalb auch der Standort des *Historic Huka Village*, eines Freilichtmuseums, in dem man Handwerker aller Art bei der Arbeit beobachten kann.

Zentrum dieser touristisch voll erschlossenen Region ist die Kleinstadt **Taupo** am nördlichen Gestade des gleichnamigen Sees. Er ist mit mehr als 600 Quadratkilometern Fläche der größte seiner Art in Neuseeland und gilt unter Fischern als exzellentes Forellenrevier. Taupo war zwar schon in voreuropäischen Zeiten ein wichtiges Siedlungsgebiet der Maoris. Aber weiße Neuseeländer haben sich erst nach dem Zweiten Weltkrieg in größerer Zahl in dem Ort niedergelassen, als nämlich der aufkeimende Fremdenverkehr, die Arbeiten für die diversen Kraftwerke und schließlich die Forstwirtschaft mit exotischen Edelhölzern für ausreichend viele Arbeitsplätze sorgten.

Eine ähnliche Entstehungsgeschichte hat auch das kleinere Städtchen **Turangi** am Südende des Sees. Es ist einer der Ausgangsorte für Fahrten und Wanderungen durch den mittlerweile 77 000 Hektar großen **Tongariro-Nationalpark**. Der 1887 gegründete Park war der erste von nunmehr zwölf Nationalparks, die zusammen mit 2,3 Millionen Hektar etwa ein Zehntel der gesamten Fläche von Neuseeland einnehmen. Die Initiative zur Gründung des Tongariro-Nationalparks ging von den Maoris der Region aus. Ihnen galten die drei auch heute noch aktiven Vulkanriesen *Ruapehu* (2797 m), *Ngauruhoe* (2291 m) und *Tongariro* (1968 m) als heilige Stätten, deshalb wollten sie dort jegliche Besiedlung verhindern. Sie hatten eine kluge Idee: Sie schenkten dem Staat ein 2630 Hektar großes Gebiet rings um die Gipfel mit der Auflage, es zu einem Naturschutzgebiet zu machen. Ihr Motto war seinerzeit: »Der Schatz der Landschaft überdauert alle Zeiten, die Werke der Menschen aber sind vergänglich.«

In den Wintermonaten sind die Flanken der drei Vulkane ein beliebtes Skigebiet, in dem auch hin und wieder Skinationalmannschaften verschiedener europäischer Länder die gegenläufigen Jahreszeiten der Südhalbkugel zu einem »Sommertraining« im neuseeländischen Winter nutzen.

Doch auch in den südlichen Sommermonaten ist der Nationalpark ein beliebtes Ziel von Wanderern und Pflanzenfreunden. Letztere genießen vor allem die Tatsache, daß der Nationalpark fünf verschiedene Vegetationsformen vorzeigen kann, vornehmlich eine streckenweise fast wüstenartige Steppe, aus der die auch im Sommer oft mit einer Schneekappe gezierten Vulkane besonders majestätisch hervorragen. Rund 500 verschiedene einheimische Pflanzenarten haben die Botaniker im Park gezählt. Broschüren über die Flora und Fauna, aber auch über die Maori-Historie der Region, sind in der Parkverwaltung unweit des Luxushotels *The Grand Château* zu erhalten, dort finden Wanderer und Bergsteiger auch Unterlagen für ihre Routenplanung.

Auf der Höhe des Lake Taupo und des Tongariro-Nationalparks weitet sich die langgestreckte neuseeländische Nordinsel wie mit zwei Flügeln nach Westen und nach Osten aus. In beiden Richtungen wartet je ein weiterer Nationalpark: An der Westküste der **Mount Egmont Park**, gen Osten hin der riesige **Urewera-Nationalpark**. Der 2518 Meter hohe Vulkan *Mount Egmont*, dessen letzter Ausbruch vermutlich im 17. Jahrhundert stattfand, ist auch unter seinem Maori-Namen Taranaki bekannt; überdies wird er wegen seiner schon von James Cook gepriesenen ebenmäßigen Schönheit auch der »Fujiyama von Neuseeland« genannt. Im Winter ist er ein beliebtes Skigebiet, im Sommer Ziel zahlreicher Wanderer.

Bereits 1841 gingen in der Küstenebene zu seinen Füßen die Mitglieder der britischen Siedlungsgemeinschaft »New Zealand Company« an Land und errichteten **New Plymouth**, nun eine Stadt voll provinziellem Charme, mit schönen *Parks* und einer 360 Hektar großen *Rhododendron- und Azaleenanlage* vor den Toren. Das Gebiet um New Plymouth barg auch einen Reichtum verheißenden Bodenschatz: Bereits 1865 hatte man nahe der Stadt Erdöl entdeckt. Der Fund war zwar nicht sehr ergiebig, aber er hatte stets die Hoffnung der ressourcenarmen Neuseeländer erhalten, doch noch kommerziell verwertbare Öllager im eigenen Land zu entdecken. Die fanden sich später auch, erwiesen sich allerdings als nicht sonderlich ergiebig.

Erfolgreich war indessen die Suche nach Erdgas: 1962 wurde das *Kapuni-Gasfeld* erschlossen, sieben Jahre später kam die Entdeckung des großen *Maui-Gasfeldes* vor der Küste hinzu. Die Gastransporte, aber auch die Ausfuhr der Molkereiprodukte machten den Port Taranaki zu einem der geschäftigsten im Land.

Weitaus weniger geschäftig geht es hingegen auf dem östlichen »Flügel« der kleineren der beiden Hauptinseln zu. Im Urewera-Nationalpark, mit knapp 208 000 Hektar der größte auf der Nordinsel, kann man tagelang unterwegs sein, ohne einem Menschen zu begegnen. Lediglich eine Straße führt quer durch den langgezogenen Park und erschließt den unter Anglern sehr geschätzten *Waikaremoana-See*. Der dichtbewaldete Urewera-Park ist Teil des zerklüfteten Gebirgszuges, der sich von der Südspitze dieser Insel quer hinüberzieht bis in seine Ostspitze, wo der *östlichste Leuchtturm der Welt* blinkt. Eine abgelegene schmale Straße zieht sich um die große Halbinsel des Ostkaps herum. Ausländische Touristen lernen sie nur selten kennen, obwohl diese Strecke als besonders schön gilt. In der **Bay of Plenty** kann man bisweilen die Rauchwolken des Vulkans auf **White Island** sehen; auf der Gegenküste ist der feine Strand von **Anaura** einen Stop wert. Hier ging James Cook zum zweiten Mal an Land, das freundliche Willkommen durch die Maoris ließ ihn die schlechten Erfahrungen einige Kilometer weiter südlich vergessen und verhalf ihm zu seiner guten Meinung über Neuseeland.

Der Lake Taupo zieht jährlich mehr als 45 000 Angler mit seinen phantastischen Fischgründen an.

Die heutige Stadt **Gisborne** an der Ostküste war im Oktober 1769 der erste Landungsplatz des britischen Navigators. Es entwickelte sich daraus ein von Mißverständnissen geprägtes Zusammentreffen zweier Kulturen, das für mehrere Maoris tödlich endete. Cook war sehr unglücklich über diesen Verlauf, und weil er überdies an der Küste keinen Proviant gefunden hatte, nannte er sie folglich **Poverty Bay**, Bucht der Armut. Wer heute nach Gisborne kommt, muß allerdings einräumen, daß sich der große Brite hier einmal geirrt hat. Die Stadt präsentiert sich mit blühenden Gärten, einem fruchtbaren Umland und sonnenreichen Stränden.

Ruahine und Tararua

Hawke's Bay ist der rechte Ort, sich in der Maori-Sprache zu erproben, werden doch Fremde im Pub gerne aufgefordert, einmal den mutmaßlich längsten Ortsnamen der Welt einzustudieren: Taumatawhalkatangihangakoauauotamateapokaiwhenuakitanatahu. So heißt ein kleines Nest im Süden der Region Hawke's Bay. Genauer gesagt, es ist die offizielle, verkürzte Version des Ortsnamens, der in seiner ursprünglichen Version noch um einige Silben länger ist. Übersetzt lautet die Bezeichnung: »Als Tamateas Bruder bei einem Kampf in der Nähe getötet wurde, erstieg Tamatea diesen Berg und stimmte auf seiner Flöte die Totenklage an.«

Das im Alltag nochmals auf den handlichen Namen Taumata verkürzte Dorf hat ansonsten nicht mehr Bedeutung als all die Farmersiedlungen rings um die Städte **Hastings** und **Napier**.

Diese beiden Regionalmetropolen, nur 20 Kilometer voneinander getrennt und vielfältig miteinander verwoben, teilen auch ihre dunkelsten Stunden: Sie sind infolge einer Naturkatastrophe in die neuseeländischen Geschichtsbücher eingegangen: Am 3. Februar des Jahres 1931 zerstörte ein ohne Vorwarnungen ausbrechendes schweres Erdbeben das an der Küste gelegene Napier und das weiter landeinwärts plazierte Hastings fast völlig. Über zehn Tage hielt das Beben an, mehrfach kam es noch zu ähnlich heftigen Erdstößen wie dem ersten. Bei dem Unglück starben 254 Menschen in den beiden Städten. Der Schaden ging in die Millionen. Das Erdbeben, dessen Auswirkungen noch in Indien verzeichnet werden konnten, war so stark, daß rund 3600 Hektar neues Land aus dem Meer emporgedrückt wurde. Beide Städte begannen nach der Katastrophe unverzüglich mit dem Wiederaufbau. Da sie dies im damaligen architektonischen Zeitgeschmack planten, können Napier und Hastings heute ein ziemlich geschlossenes Stadtbild im Art-déco-Stil vorweisen.

Dem schnellen wirtschaftlichen Wiederaufbau kam der Zweite Weltkrieg zuvor, erst nach Kriegsende konnten die Bürger beider Städte allmählich wieder ihre Geschäfte einrichten. Heute haben die Schwesterstädte aber ihre alten Positionen wiedererlangt. Hastings dient seiner Region wie früher als landwirtschaftliches Zentrum. Überdies ist es inzwischen auch der Mittelpunkt eines bedeutenden Weinanbaugebietes, ein *Wine Trail* führt die Besucher zu den Winzern und ihren

Maori-Kunst: Maske (oben) und Haus (unten).

Probierstübchen. **Napier** hat wieder seine Rolle als Regionalhafen für den Transport der landwirtschaftlichen Erzeugnisse eingenommen. Daneben gelang es der Stadt, sich als Seebad und Ferienort für neuseeländische Urlauber zu profilieren: Eine *Delphinschau* und ein *Aquarium* sind die Hauptattraktionen neben den naturkundlichen Touren zum nahen **Cape Kidnappers**. Dort befindet sich die einzige *Festlandskolonie von Tölpeln* der Welt; bei Ebbe kann man zu den Nistplätzen der Wasservögel wandern und die kühnen Taucher bei ihren scheinbar halsbrecherischen Sturzflügen in die See beobachten.

Das »Markenzeichen« des sonnenverwöhnten Urlauberziels Napier ist jedoch seine *Marine Parade*, eine mit hohen Norfolk-Fichten bestandene Promenade, an der auch die Schiffsglocke der »Veronica« hängt. Sie erinnert an das Erdbeben. Das Kriegsschiff der königlichen Marine lag damals in Napier vor Anker, und die Mannschaft machte sich, obwohl in den einsturzgefährdeten Ruinen selbst gefährdet, durch ihre aufopferungsvolle Rettungsarbeit um zahllose verletzte Opfer des Bebens verdient.

Napier und Hastings markieren an der Ostküste jenen Platz, an dem sich die Nordinsel wieder verengt zu einer langgezogenen breiten Landspitze. An der Westküste nimmt **Wanganui** in etwa eine ähnliche Position ein. Das »Rückgrat« der rund 200 Kilometer langen Südspitze sind zwei Höhenzüge: Das Ruahine- und das Tararua-Gebirge. Beide sind langgestreckte Glieder in der Mittelgebirgskette, die sich bis zum Ostkap fortsetzt. An der Westflanke des Gebirgszuges gründeten europäische Siedler 1866 eine Landwirtschaftssiedlung, die nach dem britischen Regierungschef Palmerston genannt wurde. Da dies zu Verwechslungen mit einem gleichnamigen Ort auf der Südinsel führte, erhielt die Siedlung den Zusatz »North«. Heute ist **North Palmerston** eine der größten Städte in Neuseeland, und aus ihrem agrarwissenschaftlichen Institut ist eine veritable Universität erwachsen.

Eher handfest praktisch geht es hingegen jenseits der Berge, in **Masterton**, zu, zumindest, wenn sich hier Anfang März Besucher aus fünf Kontinenten zum »Golden Shears«-Wettbewerb treffen. Dabei geht es darum, wer am schnellsten sachgerecht ein Schaf scheren kann. Das klassische Klicketiklick, das man einst zur Schurzeit im ganzen Land vernehmen konnte, ist inzwischen einem gleichmäßigen Surren gewichen, die professionellen Schafscherer, die in der Saison von

einer Farm zur anderen ziehen, arbeiten mit elektrischen Schermessern. Das hat die Geschwindigkeit noch einmal gesteigert, die Rekordzeit liegt längst deutlich unter einer halben Minute.
Doch noch einmal zurück zum bereits erwähnten Wanganui, auch ein Versorgungszentrum der Schafzüchter. Benannt wurde der Ort nach dem hier in die Tasman-See mündenden Fluß (einen gleichnamigen Wanganui gibt es auch auf der Südinsel). Der Fluß, lange Zeit einer der wenigen Transportwege ins Landesinnere, bescherte Wanganui einen schnellen Aufstieg. Dieser fand allerdings ein Ende, nachdem immer mehr Straßen entstanden waren und der Fluß und damit die kommerzielle Schiffahrt ihre Bedeutung verloren. Dieser damals von den Vorfahren sehr beklagte Umstand erweist sich nun für ihre Enkel als Vorteil, denn die unzerstörte Natur des Flußtals bescherte ihnen vor wenigen Jahren einen der jüngsten Nationalparks des Landes.
Mit dem Rang eines Nationalparks kann der Ruahine-Gebirgszug zwar nicht wetteifern, aber seit 1976 ist er immerhin größtenteils als **Ruahine State Forest Park** unter Schutz gestellt worden. Dabei ging es in erster Linie darum, die Erosionsschäden einzudämmen, die durch verwilderte Ziegen oder Wildschweine verursacht worden waren. Die Forstverwaltung hat diese Probleme inzwischen unter Kontrolle und in dem 92 000 Hektar großen Staatswald überdies ein Netz von Wanderwegen angelegt, das selbst mehrtägige Touren erlaubt.
Auch das sich südwärts anschließende **Tararua-Gebirge** trägt das Prädikat *Forest Park*. Der 112 000 Hektar große Park gilt selbst unter strammen Wanderern als ein nicht gerade einfaches Revier, da sich hier bereits die Winde der Cook Strait, der Meeresstraße zwischen der Nord- und der Südinsel, bemerkbar machen. Nebel und schnelle Witterungsumschläge können Wanderungen erschweren, allerdings verheißen hier die wie in allen neuseeländischen Parks in regelmäßigen Abständen plazierten Hütten, die mit dem Nötigsten ausgestattet sind, Schutz vor den Unbilden der Witterung.

Wellington

Neuseelands Hauptstadt teilt ihr Schicksal mit Städten wie Canberra in Australien, Bern in der Schweiz oder Ottawa in Kanada – aus geographischen Proporzgründen zum Regierungssitz bestimmt, aber nie zur unbestritten wichtigsten Metropole geworden. Zumindest die wirtschaftlichen Entscheidungen fallen in diesen Ländern andernorts, in Sydney und Melbourne bei den Australiern, in Toronto bei den Kanadiern, in Zürich bei den Schweizern und in Auckland bei den Neuseeländern.
Wellington hat das Beste aus dieser Lage gemacht. Als es 1865 als Nachfolger Aucklands zur Hauptstadt bestimmt wurde, wußte jedermann, daß diese Entscheidung nur gefallen war, weil die Südinsel drohte, ihre eigene Hauptstadt zu küren. Da war die 1839 von der New Zealand Company besiedelte Bucht in der Meeresstraße zwischen beiden Inseln ideal gelegen – quasi ein Scharnier. Hier mußten sich die Straßen-, Schienen- und Seewege kreuzen. Weniger ideal waren allerdings die räumlichen Voraussetzungen. Das mußten schon die ersten weißen Siedler erfahren, die sich ursprünglich an der Mündung des Hutt Rivers, auf dem Gebiet der heutigen Vorstadt Petone, festgesetzt hatten. Als sie aber nach ein paar Tagen von dem über seine Ufer tretenden Fluß überrascht wurden, packten sie kurz entschlossen ihre Siebensachen wieder zusammen, zogen quer über die große Bucht und gründeten Wellington ein zweites Mal. Doch der schmale Landstreifen wurde bald eng. Wellington begegnete dem Dilemma auf dreierlei Weise: Es errichtete im stark erdbebengefährdeten Gebiet entsprechend geschützte Hochhäuser auf dem knappen Grund, baute seine Wohnhäuser an den Hängen hoch und schüttete neues Land im Meer auf. All das führte dazu, daß Wellington heute aus der Distanz wie eine Mischung aus Hongkong und San Francisco wirkt. Der größte Vorteil der Stadt bleibt die schöne Lage an der fast völlig von Land umschlossenen Hafenbucht, die ebensoviel zum Charme der Stadt beiträgt wie das farbige Bild der an den Hügeln »hängenden« Holzhäuser. Doch die exponierte Lage hat auch ihre Nachteile. Nicht zu Unrecht trägt Wellington den Spitznamen »Windy City«. Die Cook Strait wirkt wie ein Luftdurchlaß zwischen den beiden bergigen Hauptinseln Neuseelands, dementsprechend kräftig fegt auch der Wind hindurch. Doch die Wellingtonians haben sich an ihren stetigen Luftzug längst gewöhnt, und für Fremde haben sie Selbstironie parat: »Wir haben wohl den einzigen Regierungssitz der Welt, in dem es nicht an frischem Wind mangelt.«
Wellington ist, nach europäischen Maßstäben, eine junge Hauptstadt. Ihre Gründer, die Siedler der New Zealand Company, waren von Anfang an der Meinung, dieser Ort müsse wegen seiner

Wellington, die Hauptstadt Neuseelands, liegt in einer schönen Hafenbucht an der Südspitze der Nordinsel.

Picton, am Rand der Marlborough Sounds gelegen, ist der Fährhafen zur Nordinsel.

Mittelpunktlage die Landeshauptstadt werden. Als sie ihren Willen durchgesetzt hatten, taten sie allerdings auch einiges für einen repräsentativen Rahmen. Wen wundert es also, daß Wellington seine Parlaments- und Regierungsgebäude in die erste Reihe seiner Sehenswürdigkeiten rückt, vorneweg das *Regierungsgebäude* von 1876. Das eindrucksvolle Haus im italienischen Stil wirkt wie ein stattlicher Steinbau – eine seinerzeit angestrebte optische Täuschung: Der Regierungssitz ist völlig aus Holz gebaut. Das nach einem japanischen Tempel zweitgrößte Holzgebäude der Welt wurde niemals offiziell eingeweiht, weil die Regierung damals befürchtete, die Zeremonie könne durch Proteste von Naturschützern wegen dieser großen Verschwendung von Bauholz gestört zu werden.

Heute wird das Regierungsgebäude für andere Zwecke genutzt, die Regierung hat jetzt ihren Sitz neben dem Parlament gefunden. Allerdings nicht in demselben Gebäude, auch wenn das einst geplant war. Als das Parliament Building 1922 bezogen wurde, sollte das Marmorgebäude, im Inneren dem Vorbild der Parlamentsräume von Westminster nachempfunden, nur die eine Hälfte des (1992 teilweise ausgebrannten) Komplexes sein. An der anderen Seite des repräsentativen Eingangs sollte sich ein zweiter gleichartiger Flügel anschließen. Diese Pläne wurden allerdings nie in die Tat umgesetzt. Als in den siebziger Jahren dieses Jahrhunderts die Entscheidung für einen neuen Regierungsbau anstand, entschlossen sich die Neuseeländer zu einem modernen Neubau. Wegen seiner eigenwilligen Form wird das Hochhaus zutreffenderweise *Beehive,* Bienenkorb, genannt. Der beauftragte Architekt, Sir Basil Spencer, hatte eine schwierige Aufgabe zu erfüllen: Sein Neubau mußte nicht nur mit dem klassizistischen Parlamentsbau, sondern auch mit der neugotischen *Parlamentsbibliothek* von 1897, dem ältesten Gebäude des architektonischen Ensembles, harmonisieren. Ursprünglich war die Bibliothek, in der unter anderem das erste Gesetz der Welt zum Frauenwahlrecht (1893) aufbewahrt wird, Nachbar eines ebenfalls neugotischen Bauwerks, das im Jahr 1907 durch ein Feuer vernichtet wurde.

Südliches Flair: Palmenallee in Picton.

Noch älter ist *Old St. Paul*, 1866 aus Holz errichtet und seinerzeit nur als temporäre Kathedrale bis zur Fertigstellung einer steinernen Kirche gedacht. Doch wie so manch anderes Provisorium hatte das Gotteshaus trotz einiger baulicher Probleme ein langes Leben. Mehrfach mußte es in diesem Jahrhundert mit Bürgerprotesten vor der gerade in Wellington wegen des äußerst knappen Baugrundes grassierenden Abrißwelle geschützt werden. Inzwischen hat die Regierung Old St. Paul auf die Liste ihrer nationalen Denkmäler gesetzt. Die einstige Bischofskirche dient heute als Stätte für kleine Konzerte oder andere kulturelle Veranstaltungen.

Zahlreiche Museen in einer Stadt, die einschließlich ihrer Vororte gerade auf 330 000 Einwohner kommt, beweisen den Kultureifer von Wellington. Die Palette reicht von einem *Dampfmaschinenmuseum*, einem *Straßenbahnmuseum*, einer *Musikinstrumentesammlung* und einem *Hafenmuseum* bis zur *Nationalgalerie* und zum *Nationalmuseum*. Die beiden letzteren teilen sich ein Gebäude. Die Galerie zeigt neuseeländische und australische, aber auch europäische Gemälde aus dem 19. und dem 20. Jahrhundert.

Das Nationalmuseum spannt einen weiten Bogen über geologisch-paläontologische Exponate und naturwissenschaftliche Sammlungen bis hin zu einer beachtlichen Maori-Kollektion sowie Erinnerungsstücken an Cook und seine Zeit. Eine Cook-Rarität birgt auch die *Alexander Turnbull Library*: Sein handschriftliches Logbuch von der »Eagle«, auf der er 1755 bis 1756 unterwegs war.

Zu den Museen zählt auch das 57 Hektar weite *Otari Open Air Museum of Native Plants* im Stadtteil Wilson, das die neuseeländische Pflanzenwelt im Überblick zeigt. Ähnlich beeindruckend ist für Besucher aus Übersee gewiß der 25 Hektar große *Botanische Garten* mit seinem Rosengarten, der vom Stadtzentrum aus mühelos zu erreichen ist: Mit einem Cable Car, einer kleinen Bergbahn, die in ein paar Minuten die 120 Meter Höhenunterschied bewältigt. Von der »Bergstation« der Bahn herab hat man einen schönen Blick über die Stadt und ihre Bucht, die offiziell *Port Nicholson* getauft, aber meist nur Wellington Harbour genannt wird.

Noch eindrucksvoller ist allerdings der knapp 200 Meter hohe *Mount Victoria*, den die Maoris schon in voreuropäischer Zeit als Ausguck nutzten. Von diesem windumstürmten Platz aus, an dem ein Denkmal an den amerikanischen Antarktisforscher Byrd (seine Basis war in Neuseeland) erinnert, hat man nicht nur einen schönen Überblick über Stadt und Hafen, sondern auch über den Flughafen auf der zugeschütteten Meerenge vor der Insel Miramar sowie die geschichts- und geschichtenreiche Cook Strait.

Die Südinsel

Cook Strait und Marlborough Sounds

Die **Cook Strait** ist an ihrer schmalsten Stelle gut 25 Kilometer breit und trennt die beiden neuseeländischen Hauptinseln. Benannt ist sie nach ihrem europäischen Entdecker James Cook, der sie exakt kartiert und damit eine große Hoffnung zunichte gemacht hat: Abel Tasman, der eigentliche Entdecker Neuseelands, war nämlich 1642 an der Einfahrt der Meeresstraße vorbeigefahren, er hatte sie nur für eine große Bucht gehalten. So blieb damals die Hoffnung, daß die von Tasman entdeckte Küstenlinie die westliche Begrenzung des im Pazifik vermuteten südlichen Großkontinents, des globalen »Gegengewichts« zu Europa, sein könnte.

Die Cook Strait liegt in den »Roaring Forties«. In diesem Gebiet bei 40 Grad südlicher Breite zieht ein Starkwindgürtel durch den Indischen Ozean und den Pazifik. Diese Lage, die durch den Kamineffekt zwischen den Inseln verstärkt wird, sorgt oft für stürmische See in der Cook Strait. Die meisten Neuseeländer haben denn auch schon rauhe Überfahrten erlebt auf den Fähren, die zwischen Wellington und Picton auf der Südinsel hin- und herpendeln. Die Meeresstraße war bereits Schauplatz einiger Unglücke, als schlimmstes ist der Untergang der Fähre »Wahine« am 10. April 1968 in Erinnerung. Das Schiff wurde bei stürmischem Wetter in der engen Einfahrt zur Hafenbucht von Wellington vom Wind auf ein Riff gedrückt und kippte um. Damals ertranken 51 Menschen.

Die Cook Strait hat aber auch ihren festen Platz in der Sportgeschichte Neuseelands. Getreu der britischen Tradition der Kanalschwimmer, die die Strecke zwischen Dover und Calais überwinden, versuchte schon im Jahr 1928 ein Auckländer, von der Nord- zur Südinsel zu schwimmen. Er schaffte es ebensowenig wie viele andere Schwimmer, die es in den folgenden Jahren gleichfalls versuchten.
Das gelang erst 1962 Barrie Devenport, einem Rettungsschwimmer aus Wellington. Er war zumindest der erste Weiße, der dies schaffte. In der Maori-Überlieferung ist die Rede von mehreren Durchquerungen der schwierigen Distanz. Devenport brauchte für seine Strecke elf Stunden und zwölf Minuten. Heute liegt die Rekordzeit weit unter acht Stunden.
Die Überfahrt mit der Autofähre dauert knapp dreieinhalb Stunden, wobei die eigentliche Überquerung der Meeresstraße wesentlich kürzer ist. Ein großer Teil der Strecke verläuft in den geschützten Fjorden der **Marlborough Sounds** – allein wegen dieses Abschnitts durch eine der schönsten maritimen Landschaften Neuseelands ist die kurze Seereise einem der schnellen Flüge mit dem Lufttaxi vorzuziehen. Die zerklüftete, buchtenreiche Landschaft, die überwiegend aus abgesunkenen und später vom Meer überfluteten Flußtälern gebildet wird, besteht aus größeren und kleineren Wasserstraßen von insgesamt fast tausend Kilometern Länge.
Die größten Fjorde sind der *Kenepuru-*, der *Pelorus-* und der *Queen Charlotte Sound*. James Cook taufte letzteren nach der Frau des englischen Königs George III.; der große Navigator schätzte den Sound außerordentlich. Fünfmal lag er während seiner drei Pazifikreisen in diesem Gebiet vor Anker. Ein Denkmal erinnert in seiner *Ship Cove* an ihn. Es ist jedoch nur zu Fuß und per Schiff zu erreichen, beispielsweise mit dem Postboot, das vom Hafen Picton aus die abgelegenen Farmen im Sound versorgt. In **Picton** kann man sich ein Boot mieten und die Marlborough Sounds auf eigenem Kiel erkunden. Wer auf dem Landweg weiter möchte, der muß sich entscheiden: Die Hauptstraße führt entweder nach Südosten in Richtung Christchurch oder hinüber zur Westküste, mit einem Abstecher zum **Abel Tasman National Park** an der Küste der Cook Strait. Der *Coastal Trail* des Nationalparks gilt als eine der schönsten Routen in Neuseeland, manche sagen sogar die schönste der Welt.

Christchurch gilt als die »englischste« Stadt in Neuseeland; entsprechend zahlreich sind auch die Grünanlagen.

Die Straße hinüber zur Westküste endet ein gutes Stück weiter südlich bei der kleinen Stadt **Westport**. Sie führt via Havelock und Nelson und vorbei am Nelson Lakes National Park quer über die nördlichen Ausläufer der neuseeländischen Alpen. Im kleinen Hafenort **Havelock** sticht täglich ein Postboot in See, um die Anlieger im Sound zu beliefern. Wie sein Kollege in Picton nimmt auch hier der Skipper Touristen mit auf seine Tour.
Die größte Stadt an der Südküste der Cook Strait ist **Nelson**, das sich mit einer ganzen Reihe von Superlativen schmückt: Die größten Anbaugebiete für Äpfel, Tabak und Hopfen, die ersten Stadtrechte in Neuseeland.
Die von einer *Kathedrale* überragte Gemeinde ist stolz auf ihre eleganten *Parks*, aber auch auf ihre Museen, darunter ein *Hafenmuseum*, eine *Gemäldegalerie*, ein im Stil des vergangenen Jahrhunderts möbliertes *Farmhaus* und das *Provincial Museum*, das unter anderem auch über die aus Deutschland stammenden Neusiedler informiert, die sich Mitte des vergangenen Jahrhunderts in der Region niederließen.
Nelson gilt auch als Ausgangspunkt zum gut 95 000 Hektar großen **Nelson Lakes National Park**, der allerdings mehr als 100 Kilometer entfernt in den bis zu 2100 Meter hohen Bergen liegt. Zwei idyllische Seen, *Rotoiti* und *Rotoroa*, sind das Herzstück des 1956 eingerichteten Parks.
Wer jedoch die Hauptstraße an der Ostküste entlang wählt, muß sich an der Weggabelung von Blenheim am Richtungsschild nach Christchurch orientieren. Auch das mit Parks durchwobene Städtchen **Blenheim**, das sich im vergangenen Jahrhundert einem kuriosen wie ruinösen Wettbewerb mit Picton um den Titel einer Provinzhauptstadt hingegeben hatte, ist stolz auf seinen Superlativ: Es ist der sonnenreichste Flecken der Nation – und das will hier schon etwas heißen.

Christchurch

Blenheims Lage als sonnenreichster Fleck der Nation wird deutlich, wenn man auf der Nationalstraße 1 weiter gen Süden rollt: Die fast 2900 Meter hohe *Kaikoura Range* hält, gemeinsam mit den Bergketten im Inneren des Landes, die kühlen Süd- und Westwinde ab. Deshalb muß sich die Straße auch mit dem schmalen Saum zwischen Bergen und See begnügen, bis sie die sattgrüne und fruchtbare Ebene von Canterbury erreicht. Hier wirkt Neuseeland wie die Fotomontage eines bukolischen, in den Pazifik verpflanzten Südeng-

Die 1864 begonnene Kathedrale von Christchurch.

lands mit einem bayerischen Standardmotiv: Mit der Kulisse der mit Schnee bedeckten Alpengipfel im Hintergrund.

Daß sich die Briten in dieser Umgebung fast wie in ihrem Mutterland fühlten, wird nirgendwo deutlicher als in **Christchurch**, der Hauptstadt der Südinsel und der drittgrößten Stadt des gesamten Landes. Von großstädtischer Hektik spürt man allerdings wenig, es geht gepflegt und gemächlich zu wie in einer englischen Provinzstadt – der Lebensrhythmus schlägt auf der Südinsel ohnehin einige Takte langsamer als auf der auch nicht gerade gehetzten Nordinsel. Daß Christchurch zwar angenehm entspannt, aber nicht verschlafen ist, merkt man am ehesten in einer seiner kulturellen Einrichtungen, etwa im *Arts Centre*, das in den neugotischen einstigen Universitätsbauten beheimatet ist. Dieser Baustil, der zahlreiche Gebäude des vergangenen Jahrhunderts prägt, unterstützt den Eindruck, in einer Stadt zu sein, die »britischer ist als Britannien«. Das ist in Christchurch ein gern gehörter, weil werbeträchtiger Slogan. Und ganz unrichtig ist er auch nicht, das muß man einräumen, wenn man am baumgesäumten Ufer des Avon Rivers entlang promeniert und die neugotische *Chamber of Commerce* oder den eindrucksvollen *Komplex der Provinzregierung* im selben Stil passiert. Selbst das *Rathaus* von 1972 paßt sich am Victoria Square gut ein in diese klassische Uferlandschaft, die den ansonsten rechtwinkligen Ortsgrundriß verspielt durchwindet. Noch typischer für den englischen Charakter, den Christchurch zu vermitteln vermag, ist die 1864 begonnene und 1901 fertiggestellte *Kathedrale*. Sie ist mit dem Platz rings um sie herum das Zentrum der Stadt. Hier quirlt das Leben fröhlich durcheinander; an Werktagen ist der Cathedral Place aber nicht nur das Ziel all jener, die ihre Lunchpakete zur Mittagszeit auspacken oder nachmittags zu einem Schwatz zusammenhocken, sondern auch die Bühne des »Wizard«. Der rauschebärtige Redner, angeblich ein einstiger Philosophieprofessor, unterhält seine Zuhörer mit seinen bisweilen recht eigenwilligen Kommentaren zu allem und jedem; längst ist er ein veritables »Wahrzeichen« seiner Stadt geworden.

Die – selbstverständlich neugotische – Kirche, die dem Platz den Namen gab, wirkt trotz ihres 65 Meter hohen Turmes eher geduckt als mächtig. Vielleicht wird dieser Eindruck bewirkt durch die zwölfstöckigen Bürosilos am Rande des Platzes. Die Gründerväter hätten es vermutlich nicht gerne gesehen, daß ihre Kathedrale so in den Schatten der anderen Hochbauten gerückt wird. Schließlich waren sie gläubige Christen, die Mitglieder der Canterbury Association, die 1850 mit vier Schiffen landeten. Sie hatten den festen Vorsatz, aus der Siedlung, die sie nach einem College in Oxford benannten, eine kirchlich-britische Mustergemeinschaft zu machen. Im rauhen Alltag der Kolonie verblaßte der religiöse Anspruch bald, aber der britische Habitus blieb erhalten.

Ursprünglich hatten sich nicht minder kirchlich geprägte Siedler aus Schottland den Platz von Christchurch für ihre Zwecke ausgesucht, sie zogen aber weiter nach Süden, wo sie Dunedin

1904 wurden Hochchor und Querschiff der von B. Mountford geplanten Kathedrale von Christchurch geweiht.

gründeten. Die Schotten waren unzufrieden mit dem Hafen **Lyttelton**, am Fuß der von einem Vulkan geschaffenen Banks-Halbinsel, der von Christchurch aus nur über einen Bergrücken zu erreichen war. Die Bürger von Christchurch und Lyttelton behalfen sich deshalb mit einer Dampfeisenbahn, der ersten Neuseelands, an die der *Ferrymead Historic Park* bei Christchurch erinnert. Es sollte aber noch mehr als 100 Jahre dauern, ehe der alte Traum von einem Straßentunnel zwischen Lyttelton und Christchurch endlich Wirklichkeit wurde.

Blick auf den Lake Matheson.

Von jenen Tagen berichtet nicht nur das Lyttelton *Historical Museum*, sondern auch das *Canterbury Museum* in seinem mehr als 100 Jahre alten Gebäude in Christchurch. Neben seinen historischen und völkerkundlichen Abteilungen zeigt das Museum auch eine umfangreiche Antarktis-Sammlung, deren Exponate teilweise sogar vom amerikanischen Forscher Richard Evelyn Byrd stammen. Beim Flughafen ist inzwischen ein attraktives *Antarktis-Zentrum* für Touristen entstanden. Noch heute ist Christchurch mit dem eisigen Kontinent am Südpol, von dem Neuseeland ein stattliches »Tortenstück« als sein Hoheitsgebiet beansprucht, eng verbunden. Von Christchurchs internationalem Flughafen heben die Jets ab, die mit Versorgungsgütern bis zur amerikanischen McMurdo Base in der Antarktis fliegen und so auch die nahegelegene Scott Base der Neuseeländer mitbetreuen.

Arthur's Pass und Mount Cook

Die massive Kette der neuseeländischen Alpen war jahrzehntelang ein unüberwindbares Hindernis. Als jedoch an der Westküste Gold gefunden wurde, setzte Christchurch alles daran, eine Straße quer durch die Berge zu ziehen, um von dem erwarteten Goldrausch profitieren zu können. 1864 erkundete der Forscher Arthur Dobson den nach ihm benannten Paß, möglicherweise mit Hilfe von Maoris, die diesen Weg schon früher benutzt hatten, um an die Greenstone-Lager im Westen zu kommen. Aus dieser Jadeart schnitzten sie Kultgeräte, Waffen und Schmuck. Die Zeit drängte: Bereits 1866 begannen die Arbeiten zur Überquerung des 924 Meter hohen Passes. Über 1000 Männer legten unter großen Entbehrungen eine Schottertrasse in die Wildnis, die zur ersten Querverbindung durch das Zentralmassiv der Alpen wurde.

Kleine Ortschaften wie Franz Josef eignen sich als Ausgangspunkt für Ausflüge zu dem gleichnamigen Gletscher.

Die heute gut ausgebaute Arthur's Pass Road ist eine der beliebtesten Touristenstrecken auf der Südinsel, sie gilt als die schönste Gebirgsstraße Neuseelands. Sie führt durch den **Arthur's Pass National Park**, mit rund 95 000 Hektar Fläche einer der größten Parks des Landes. Der hochalpine Park, dessen Gipfel bis zu 2400 Meter aufragen, ist nur durch Wanderwege erschlossen. Da sein Gebiet über die Kammlinie hinwegreicht, kann man in ihm die völlig unterschiedliche Vegetation beiderseits der Wasser- und Klimascheide erleben. Aber auch das Tierleben hat hier seine Eigenarten. Im Nationalpark gibt es noch eine größere Anzahl von Kiwis, Camper hören häufig den charakteristischen Schrei dieser Nachtvögel. Obwohl die Paßstraße hoch hinaufführt, erschließt sie dennoch kein größeres Skigebiet. Was erstaunlich ist, da doch die Provinz Canterbury und die Aorangi-Region die meisten Skireviere Neuseelands zu ihrem Terrain zählen. Das Städtchen **Methven** und seine Pisten am *Mount Hutt*, eine der bekanntesten Skiregionen des Landes, ist nur knapp 100 Kilometer von Christchurch entfernt, gilt aber als eines der schneesichersten.
Das höchstgelegene und bekannteste Skirevier liegt im Massiv des Mount Cook, dem mit 3764 Metern höchsten Berg des Landes. Aorangi, was etwa »Wolkenhimmel« bedeutet, ist der Maori-Name für den **Mount Cook**. Er und der nahe **Mount Tasman** (3498 m) bieten auf dem Tasman-Gletscher eine der längsten Abfahrten der Welt: Über 13 Kilometer geht es zu Tal auf einer auch für wenig geübte Läufer geeigneten Piste. Ihren Startpunkt erreicht man mit kleinen Flugzeugen, die auf dem Gletscher landen. Sie starten – auch zu den beliebten Sightseeing-Flügen – auf dem Flughafen am Fuß des Mount Cook, der auch in das nationale Flugnetz eingebunden ist und beispielsweise von Rotorua und

Gletscherzunge am Fox Glacier.

Christchurch aus direkt angeflogen wird. Dank des florierenden Fremdenverkehrs ist hier auch eine kleine Ortschaft entstanden, die überdies den Namen **Mount Cook** trägt und vornehmlich aus Hotels und Motels besteht.
Die beiden höchsten Gipfel des Inselreiches wurden nach den ersten Europäern benannt, die Neuseeland entdeckten beziehungsweise betraten. Weder Tasman noch Cook haben jedoch »ihre« Gipfel je gesehen. Drei Neuseeländern gebührt der Ruhm, den Mount Cook 1894 erstmals bestiegen zu haben – um damit dem Briten Edward Fitzgerald und einem norditalienischen Bergführer zuvorzukommen. Daß ihnen das gelang, verärgerte den Engländer so sehr, daß er auf die Besteigung des Mount Cook verzichtete. Da er aber nun einmal die lange Reise nach Neuseeland gemacht hatte, unternahm er statt dessen einige Erstbesteigungen benachbarter Bergriesen, unter ihnen war auch der Mount Tasman. In den folgenden Jahrzehnten versuchten Alpinisten mit unterschiedlichem Erfolg, den Mount Cook auch auf anderen Routen zu bezwingen. Zu jenen, denen das gelang, gehörte auch Edmund Hillary, der später in den Adel erhobene Neuseeländer, der, gemeinsam mit einem Sherpa, als erster auf dem Gipfel des Mount Everest stand.

Die gut ausgebaute Straße zum höchsten Berg Neuseelands, die einige der großen Gletscherseen an der Alpenostseite passiert, endet auf halber Höhe in der Ortschaft Mount Cook. Wer von hier aus die Westseite der Insel erreichen will, muß quer über die Berge und Gletscher hinwegwandern. In Mount Cook gibt es einige Bergführer, die sich auf diese Touren durch den **Mount Cook National Park** spezialisiert haben.
Der Park, zu dem ein Gutteil jener 200 Gipfel zählt, die in den neuseeländischen Alpen höher als 2500 Meter sind, geht gen Westen nahtlos über in den Westland National Park, den die Bewohner der Küste jenseits dieser majestätischen Bergkette als ihre größte Attraktion preisen.

Akaroa ist ein kleines Fischerstädtchen auf der Banks Peninsula nahe Christchurch.

Westküste und Queenstown

»Ohne den Tourismus wäre hier wirklich noch der Wilde Westen«, meinte der Manager, der uns durch **Shantytown**, die fotogene Rekonstruktion eines Goldgräbernestes, führte. In der Tat, die Westküste, der schmale Landstreifen zwischen den Alpen und der Tasman-See, wirkt bisweilen wie vom eigenen Land vergessen. Hier geht es noch gemächlicher zu als auf dem Rest der Südinsel – auch wirtschaftlich. Die Arbeitsplätze sind knapp, nur der Fremdenverkehr beschert in der Saison einige zusätzliche Jobs. Dabei begann alles ganz anders an der Westküste: Um 1865 schifften sich Tausende von Goldsuchern zu den dortigen Häfen ein, denn an mehreren Orten entlang der Küste war das wertvolle Metall entdeckt worden. Doch die Erzlager erwiesen sich als nicht ergiebig genug, um einen großen Goldrausch auszulösen. Ähnlich ist es mit der Kohleförderung bestellt. Doch die Bewohner der Westküste haben das Beste aus ihrer kurzen Geschichte gemacht, um Touristen etwas bieten zu können: Shantytown bei Greymouth ist das bekannteste Beispiel, aber auch weiter nördlich, bei Charleston, wird eine Goldmine museal erhalten. Und in **Westport** ruft ein *Kohlemuseum* die besten Tage von »King Coal« zurück. Im weiter südlich gelegenen **Hokitika**, einst ein Zentrum der Goldgräber, wird heute die alte Maori-Tradition der Jadebearbeitung fortgeführt. Doch die größten Sehenswürdigkeiten der Region sind nicht von Menschenhand geschaffen: Beispielsweise die *Robbenkolonie* am **Cape Foulwind** bei Westport oder die *Pancake Rocks* bei **Punakaiki**, durch jahrtausendelange Erosion geformte Felsen, die wie

Aus dem früheren Goldgräberdorf Queenstown ist dank seiner malerischen Lage heute ein Ferienzentrum geworden.

Pfannkuchenstapel aussehen, und bei denen auch das Meer durch unsichtbare Tunnel im Gestein wie Geysire aus der Erde gedrückt wird. Auch der dichte Regenwald voller Farnbäume ist ein Charakteristikum dieser Landschaft, an dem sich die von Westen her antreibenden Wolkenbänke fast ohne Unterlaß abregnen. Die – wörtlich genommen – größte Attraktion der Westküste sind jedoch die gewaltigen Gletscher, die, vom Cook Massiv herabfließend, hier erst auf weniger als 300 Meter Höhe enden. Das findet man sonst nur in arktischen Regionen – und dort sind die Gletscher selbstverständlich nicht von üppigem Regenwald umrahmt.

Franz Josef heißt das Städtchen am Fuß des gleichnamigen Gletschers – ein Tribut an den österreichischen Kaiser, der noch regierte, als der gebürtige Bonner Geologe Julius von Haast das Eisfeld in den sechziger Jahren des vergangenen Jahrhunderts erforschte. 1993 kam es hier zu einem tragischen Flugzeugunglück. Neun Menschen starben, als ihr Flugzeug auf einem Sightseeing-Flug am Franz-Josef-Gletscher abstürzte.

Von Haast taufte den benachbarten Gletscher auf den Namen Albert, dies wurde aber später in **Fox Glacier** geändert, als Premierminister William Fox das Gebiet besuchte. Die Gletscher, nur zwei von rund 360 auf der Südinsel, haben ihr Entstehungsgebiet etwa in 2600 Meter Höhe. Der Fox ist mit rund 14 Kilometern etwas länger als der Franz Josef, ihre Fließgeschwindigkeit kann bis zu fünf Meter pro Tag betragen.

Beide Gletscher sind zumindest im unteren Teil leicht zu besteigen, dennoch empfiehlt es sich, auf eine geführte Tour zu gehen, wie sie in den Hotels der Gegend angeboten wird. Das hat Vorteile: Zum einen stellen die Bergführer geeignetes Schuhwerk zur Verfügung, zum anderen verweisen sie auf viele geologische Eigenheiten, die man mit Laienaugen kaum erkennt. Für einen Gang zum *Lake Matheson* braucht man allerdings keinen Führer; der See ist ein beliebtes Ziel, weil er eine vielfotografierte Szenerie bietet: Die Gipfel von Mount Cook und Mount Tasman, die sich im dunklen Wasser des Sees spiegeln.

Nach dem Forscher von Haast ist die zweite spektakuläre Route quer durch die Alpen benannt worden. Sie beginnt etwa 120 Kilometer südlich der beiden Gletscher bei der Ortschaft **Haast**, folgt dem Haast River ins Gebirge und erreicht beim 536 Meter hohen *Haast Pass* einen Durchschlupf zwischen den Bergriesen.

Hier durchquert die Straße auch einen Zipfel des langgezogenen **Mount Aspiring National Park**, der weiter südlich unmittelbar in den riesigen **Fiordland National Park** übergeht. Der Übergang durch das Gebirge, der wie die Arthur's Pass Road den Maoris einst als Weg zu den Greenstone-Lagern im Westen diente, führt hinter dem Haast Pass hinab zu den Seen **Wanaka** und **Hawea**. Gut 70 Kilometer sind es von diesem beliebten Erholungsgebiet aus noch bis Queenstown, dem touristischen Zentrum der Südinsel.

Ein heftiger, aber kurzer Goldrausch ließ das Städtchen um 1862 entstehen; zwar waren die Glücksritter bald weitergezogen, aber sie verbreiteten doch den Ruhm der schönen Landschaft am **Lake Wakatipu**. Doch erst nach dem letzten Krieg begann **Queenstowns** erstaunliche »Karriere« als Touristenzentrum. An Attraktionen mangelt es heute nicht: Vom *Automobilmuseum* über Rundflüge, Fahrten mit der *Oldtimer-Eisenbahn* in

In den Straßen von Queenstown.

Kingston, Schiffsfahrten über dem See und Jetboat-Touren auf dem schäumenden Shotover River bis zu Besuchen auf Schafsfarmen reicht das Programm. Eine besondere Empfehlung verdienen die Törns auf der »Earnslaw«, einem Raddampfer, der noch von einer kohlebefeuerten Dampfmaschine betrieben wird, und die Auffahrten mit der Drahtseil-Kabinenbahn auf den 731 Meter hohen *Bob's Peak*. Er ragt unmittelbar bei Queenstown in die Höhe und bietet einen einmaligen Blick über den See und die schneebedeckten Berge ringsum.

Hinter dieser Gipfelkette, im Nordwesten, ragt der Milford Sound 15 Kilometer tief in das Bergland hinein. Bis zu 1200 Meter hoch sind die

Ständiger Wind formt die Gestalt der Bäume.

Flanken dieses Meeresarmes – des einzigen im Fiordland National Park, der nicht nur von der See her zu erreichen ist. Eine kleine Flugpiste unweit des Hotels am Ende des Sounds erlaubt Luftsprünge von Queenstown herüber, eine Straße erschließt die zu Recht gepriesene Landschaft, und einer der bekanntesten Wanderwege, der *Milford Track*, endet ebenfalls in der Bucht, die nicht nur für ihre Schönheit, sondern auch für ihre blutgierigen Stechmücken bekannt ist.

»Schlägst du eine tot, kommen tausend, sie zu rächen«, heißt hier ein Sprichwort. Milford läßt erahnen, was einen in den 17 großen Fjorden des Parks erwartet, wenn man in den Park wandert. Dazu muß man sich allerdings genügend Zeit nehmen, denn der Nationalpark ist mehr als 1,2 Millionen Hektar groß und damit einer der größten in der Welt.

In diesem Park leben große Herden von Seehunden, brüten stattliche, viele hundert Tiere umfassende Pinguinkolonien und fanden nicht zuletzt die nahezu ausgestorbenen Vogelarten Kakapo und Takahe ein letztes Refugium.

Das *Nationalparkzentrum* hält dazu Informationen für interessierte Besucher bereit, es liegt in Te Anau, an der Grenze zwischen Fiordland und der Provinz Southland.

Southland, Stewart Island und Dunedin

Invercargill, die Hauptstadt von Southland, steht nur selten auf der Routenplanung der Touristen. Die südlichste Stadt Neuseelands liegt etwas abseits, sie lockt auch nicht gerade mit Attraktionen: Ein großzügig angelegtes Stadtbild, dem man den Wohlstand einer regenreichen Farmland-Ebene anmerkt. Die größte Sehenswürdigkeit ist das *Southland Museum* mit seiner heimathistorischen Sammlung und seinem in Neuseeland einzigartigen *Tuatarium*. Dahinter verbirgt sich ein Mini-Zoo für Tuataras. Diese äußerlich Eidechsen ähnelnden Tiere sind lebende Zeugnisse der Urzeit, die einzigen Überlebenden einer in vorgeschichtlichen Zeiten weitverbreiteten Reptilienart.

In **Bluff**, dem Hafen von Invercargill, arbeitet das größte Aluminiumwerk des Landes. Ein Blick vom *Bluff Hill*, einem Aussichtsberg unweit des großen Naturhafens, zeigt aber nicht nur die Industrieanlagen, sondern auch die Reize der – von James Cook bei seiner Neuseeland-Umrundung übersehenen – Foveaux Strait. Die Meeresstraße trennt die Südinsel von Stewart Island, der kaum besiedelten, drittgrößten Insel Neuseelands. Zwischen beiden liegen mehrere kleinere Inseln, zum Beispiel **Dog Island** mit seinem charakteristischen *Leuchtturm*, oder **Ruapuke**, eine schon in voreuropäischer Zeit von Maoris bewirtschaftete Insel, auf der deutsche Lutheraner 1843 eine Missionsstation errichteten.

Stewart Island ist rund 1750 Quadratkilometer groß, mit dichtem Wald und Busch bewachsen, nur durch Wanderwege erschlossen und recht gebirgig. Der höchste Berg, der *Mount Anglem*, erreicht 3214 Meter. Die einzige Ortschaft heißt offiziell **Oban**, meist wird sie aber nach ihrer Lage an einer Bucht Half Moon Bay genannt.

Die rund 400 Bewohner dieser »dritten Insel« leben vorwiegend vom Fischfang. Aber auch Touristen, die in dieser Wildnis Ruhe suchen, tragen bei zur Linderung der kargen Wirtschaftslage. Wie Stewart Island zu seinem Namen kam, ist nie zweifelsfrei geklärt worden. Bekannt ist jedoch, wie die Insel in den Besitz des neuseeländischen Staates kam: 1864 erwarb die Regierung Stewart Island von den Maoris für umgerechnet 12 000 Neuseeland-Dollar.

Zwischen Bluff und Oban verkehrt regelmäßig eine Fähre über die 33 Kilometer breite Foveaux Strait; die Insel hat überdies eine regelmäßige Flugverbindung nach Invercargill. Diese Stadt

1904 entstand der Bahnhof von Dunedin.

hat, wie ihr Name schon deutlich macht, schottische Wurzeln. Wie der Platz des heutigen Christchurch stand auch Invercargill anfangs zur Debatte, als schottische Siedler in Verbindung mit der New Zealand Company einen Ort für ihre Gründung »Neu-Edinburgh« suchten. Die Entscheidung fiel dann allerdings zugunsten eines anderen Platzes aus: Die Hafenbucht an der Otago-Halbinsel wurde das Ziel der Schotten; **Dunedin** – gälische Form von Edinburgh – nannten sie ihre neue Heimat.

Es waren vornehmlich Anhänger der Free Church of Scotland, die mit den ersten Aussiedlerschiffen zwischen 1847 und 1849 eintrafen. Sie taten sich anfangs sehr schwer, zumal es auch an der nötigen Unterstützung aus dem Mutterland fehlte. Doch 1861 begann die große Zeit der Stadt, nachdem an mehreren Stellen in Otago Gold gefunden worden war. Dunedin war das Zentrum des Goldhandels und blühte auf. Das geschlossene viktorianische Stadtbild, das heute die Besucher so sehr entzückt, ist ein Resultat jener Tage, da Dunedin die reichste Stadt Neuseelands war.

Diese Zeiten sind unwiederbringlich vorüber, aber die mittelalterlichen Stilen nachempfundenen Prachtbauten lassen den einstigen Wohlstand erahnen. Ein gutes Beispiel ist in seinem

Fontänenartig tritt das durch unterirdische Gänge gepreßte Wasser zwischen den Pancake Rocks an die Oberfläche.

stattlichen Bau von 1876 das *Otago Museum* mit Erinnerungen an die »goldenen Jahre«, aber auch mit einer eindrucksvollen Maori-Sammlung. Der Ruhm des bekanntesten Gebäudes gebührt jedoch zweifellos dem *Hauptbahnhof* (erbaut 1904 bis 1907), einer reich verzierten architektonischen Zuckerbäckerei im flämischen Renaissancestil von großem nostalgischen Reiz.

Vom Bahnhof aus führt die – wie könnte es in einer »schottischen« Stadt anders sein – Stuart-Straße zum *Octagon*. Der achteckige Platz, von Straßen im gleichen Grundriß umgeben, hat Dunedin zu einem der liebsten Objekte von Luftbildfotografen gemacht. Das Achteck war selbstverständlich der einzig denkbare Ort für ein *Standbild von Robert Burns*; schließlich galt es, nicht nur Schottlands Nationalpoeten zu ehren, sondern auch den Onkel des Geistlichen, der die erste schottische Siedlergruppe nach Dunedin leitete. Daß solch religiöser Gründungseifer auch sehenswerte Kirchen hervorbrachte, liegt nahe. Die First Church ist der beste Beleg für diese Annahme, aber auch die anglikanische *Kathedrale St. Paul* ist durchaus eine Visite wert.

Der Kirche zur Seite steht der Staat, hier verkörpert durch die benachbarten *Municipal Chambers*. Dieser 1878 entstandene Komplex sollte ebenso eine Station des Stadtbummels sein wie die *Law Courts*, die *University of Otago*, einer der Aussichtsberge rings um die Stadt und, um noch zwei Museen zu nennen, das *Early Settlers' Museum* und die *Public Art Gallery* mit ihrer Francis-Hodgkins-Kollektion. Hodgkins, die von 1870 bis 1947 lebende, bekannteste Malerin Neuseelands, ist in Dunedin geboren worden. Sie lebte zwar nach 1913 ausschließlich in Europa, aber das tat ihrer Popularität in der Heimat keinen Abbruch. Zu ihren ersten Arbeiten zählen Landschaftsbilder für Zeitungen, darunter auch Zeichnungen der **Otago Peninsula**.

Die Halbinsel ist mit Dunedin historisch eng verwoben, sie wird heute aber vorwiegend wegen ihres reichen Tierlebens besucht, insbesondere wegen der Yellow-Eyed-Pinguins mit ihrer putzigen »Maske« und wegen der Albatroskolonie an der Spitze der Halbinsel, am **Taiaroa Head**. Die hier brütenden Königsalbatrosse bringen es auf Flügelspannweiten von drei Metern, nirgendwo auf der Welt bauen sie ihre Nester so nahe an menschliche Behausungen wie auf dieser Halbinsel. Deshalb ist ihr Gelege auch gut geschützt, die Kolonie kann nur mit – relativ teuren – Eintrittskarten besucht werden; zu bestimmten Zeiten ist die Landspitze für alle Besucher gesperrt.

Mit den riesigen Vögeln kann es in der Gunst der Touristen auf der Otago-Halbinsel nur noch Neuseelands einziges Schloß, das *Larnach Castle*, aufnehmen, der 1871 errichtete Landsitz eines Bankiers und Politikers hoch über der Bucht von Otago. Architekturen aus Schottland entwarfen die Pläne. Englische und italienische Stukkateure fertigten die Decken. Der Stein wurde aus Aberdeen, Glas aus Venedig, Marmor aus Italien und Kacheln aus Venedig eingeführt. Hinter dem Schloß befinden sich ausgedehnte Parkanlagen.

Der zwischenzeitlich zum Abgeordneten und Minister aufgestiegene William Larnach machte aber nicht nur mit seinem Reichtum und diesem Prachtbau, sondern – nach einem finanziellen Desaster – auch mit seinem Ende Schlagzeilen: Er brachte sich 1898 im Parlamentsgebäude von Wellington um. Heute dient sein zeitweilig als psychiatrische Anstalt genutzter Lebenstraum als Haupthaus einer großzügigen Hotelanlage.

Dunedin ist die letzte große Stadt dieser Rundreise über die beiden Inseln Neuseelands – eine einst glanzvolle und heute etwas bescheidener auftretende Metropole, von der der Schriftsteller Mark Twain einst sagte: »Die Bewohner sind Schotten. Sie hielten hier an auf ihrem Weg von zu Hause zum Himmel – in der Annahme, daß sie bereits angekommen seien.« Das hätte Twain, wenn auch ohne schottischen Akzent, aber ansonsten doch so ähnlich, von vielen anderen Ecken Neuseelands sagen können.

Es hat schon etwas Paradiesisches, dieses große Inselreich in der Südsee. Die Neuseeländer haben das längst erkannt, schließlich bezeichnen sie ihr Land als »God's own country«.

Am Lake Tekapo zeigt sich das klassische »high country« – das Land der Pioniere und »Outdoor«-Menschen.

Register

Kursive Ziffern verweisen auf Abbildungen.

Personenregister

Orts- und Sachregister

Impressum

Titelbild: Tobias Hauser/laif
Karten: Astrid Fischer-Leitl, München

Bildgestaltung: Joachim Hellmuth
Lektorat: Christa Klus
Layout: H. Leonhard Guha, Lorenzo von Waberer
Umschlaggestaltung: Heinz Kraxenberger, München
Reproduktionen: Lana-Repro, I-Lana
Herstellung: Gabriele Kutscha

Die Deutsche Bibliothek – CIP Einheitsaufnahme
Ein Titeldatensatz für diese Publikation ist bei der Deutschen Bibliothek erhältlich.

Für diese genehmigte Sonderausgabe:
© 2004 by GeraNova Bruckmann Verlagshaus GmbH, München

Für die Originalausgabe:
© by Bucher Verlag GmbH, München
Alle Rechte vorbehalten
Printed in Spain by Egedsa
ISBN 3-86517-053-6